D1720042

Manuela Bramer

Faktor Wissen

Strategische Besonderheiten,
Ressourcen-Erschließung und Möglichkeiten
für die Umsetzung der Integrierten
Kommunikation in dezentral agierenden
Non-Profit-Organisationen

Diplomica Verlag GmbH

Bramer, Manuela: Faktor Wissen: Strategische Besonderheiten, Ressourcen-Erschließung und Möglichkeiten für die Umsetzung der Integrierten Kommunikation in dezentral agierenden Non-Profit-Organisationen, Hamburg, Diplomica Verlag GmbH 2013

Buch-ISBN: 978-3-8428-9147-0
PDF-eBook-ISBN: 978-3-8428-4147-5
Druck/Herstellung: Diplomica® Verlag GmbH, Hamburg, 2013

Bibliografische Information der Deutschen Nationalbibliothek:
Die Deutsche Nationalbibliothek verzeichnet diese Publikation in der Deutschen Nationalbibliografie; detaillierte bibliografische Daten sind im Internet über http://dnb.d-nb.de abrufbar.

© Diplomica Verlag GmbH
Hermannstal 119k, 22119 Hamburg
http://www.diplomica-verlag.de, Hamburg 2013
Printed in Germany

Danksagung/Widmung

Sich nebenberuflich einem Projekt, wie beispielsweise einer solchen Studie zu widmen, bedeutet über einen zwar überschaubaren, aber langen Zeitraum, neben Selbstdisziplin vor allem Verzicht. Eine klare Prioritätensetzung in der Zeitplanung und der Aufgabenstellungen lässt ein Privatleben und soziale Kontakte weit hintan stehen. Ich persönlich hielt diesen Punkt für den schwersten auf diesem Weg. Für mich waren jedoch die Belohnung am Ende neue und alte gefestigte Freundschaften, gepaart mit einer Art Unfähigkeit, all die nun wieder zur Verfügung stehende freie Zeit nutzen zu können. Dies bekam ich allerdings sehr schnell wieder in den Griff, denn ein Zeitproblem der ganz anderen Art tat sich auf. Ein Dank an alle ist mir daher sehr wichtig!

Zunächst möchte ich mich an dieser Stelle von Herzen bei allen Non-Profit-Organisationen bedanken, die sich mit Geduld und Gewissenhaftigkeit Zeit für die Befragungen genommen haben, denn nur so konnten wesentliche Anhaltspunkte und Ergebnisse für diese Arbeit gewonnen werden. Vielen Dank!

Auch gilt ein großer Dank meinen Betreuern Dr. Michael Roither und Mag.ª Rosemarie Nowak der Donau-Universität Krems, Department für Wissens- und Kommunikationsmanagement/Zentrum für Journalismus und Kommunikationsmanagement für die stete Unterstützung. Sie verstanden es gleichsam, mir Denkanstöße und Handlungsfreiräume zu schaffen, aber auch den nötigen Druck zu vermitteln.

Ein besonderer Dank von Herzen für den akademischen Input, unermüdliche Unterstützung sowie Beistand gilt auch meinem Mentor Professor Dr. Günter Struve. Ohne seine ermutigenden Worte hätte ich mich zu einem solchen Projekt wohl nicht antreiben lassen. Danke!

Von Herzen danke ich vor allem auch meiner Freundin und Kollegin Carolin Oppermann! Ihr freundschaftlicher Beistand, der unermüdliche Aufbau und Antrieb, das hin und wieder notwendige „Schütteln" und „Einnorden" hielten mich auf meinem Weg und führten mich direkt zum Ziel! Danke, meine Caro!

Auch möchte ich einer lieben Freundin und Korrektorin Martina Führer für das „Adlerauge" und den Beistand während des Prozesses danken. Denn Fakt ist: Der wichtige Abschluss einer Arbeit ist das Korrekturlesen. Danke, liebe „maf"!

Es hat mich sehr berührt, dass dieses Projekt nicht nur unendlich viel Rückhalt und Verständnis, sondern auch echte Freundschaften zu Tage förderte. Meinen neuen und alten Freunden, ob aus Studien- oder heimatlichem Umfeld, sowie meinen Verwandten schulde ich nicht nur Dank, sondern auch eine Entschuldigung dafür, dass die Beziehungen zu ihnen in der Vergangenheit stellenweise unter meiner Arbeit gelitten haben.

Und abschließend möchte ich meinen Eltern, Carola und Udo Bramer, großen Dank aussprechen. Ihre Liebe, ihr Rückhalt, ihr Antrieb, ihre Hilfe und unendliches Verständnis ermöglichten mir erst diese Arbeit und das Durchhalten. Meiner Mutter, als meiner „schärfsten Kritikerin" danke ich für Beistand, jedwede Unterstützung und Verständnis. Meinem Vater danke ich für das „Einnorden" meiner manchmal sehr diffusen Gedankenwelt sowie Stärke und Konsequenz. Ihnen sei diese Arbeit als Dank gewidmet!

Vorwort

Diese Studie soll Non-Profit-Organisationen eine hilfreiche Basis für den optimalen, effizienten Einsatz der Mitarbeitenden bieten, um sich auch mit geringen finanziellen Ressourcen auf dem umkämpften Markt behaupten zu können. Privat engagiere ich mich selbst im so genannten Dritten Sektor: zum einen im Bereich Kunst und Kultur und zum anderen im Bereich Gesundheit und Wohlfahrt. Zahlreiche Konzeptionen mit Blick auf die Integrierte Kommunikation durfte ich für diese Organisationen entwickeln. Sie gaben mir einen tiefen Einblick in das Leben, Denken und Handeln von Mitarbeitenden in einer dezentral agierenden Non-Profit-Organisation. Diese Untersuchung schafft mir die Möglichkeit, meine Erkenntnisse und Erfahrungen wissenschaftlich zu fundieren. Weiter bietet sich mir dadurch die Möglichkeit, meine bisherigen Kenntnisse zur Integrierten Kommunikation zu vertiefen und zu erweitern, um sie auch zukünftig in meiner Arbeit weiter einbringen zu können.

Kurzbeschreibung

Non-Profit-Organisationen (NPOs) leisten einen immensen Beitrag für die Gesellschaft und genießen dafür nicht ohne Grund hohe Anerkennung und Sympathie in der Öffentlichkeit. Der so genannte Dritte Sektor setzt da an, wo der Handlungsspielraum staatlicher Unternehmen endet und hat sich personell sowie strukturell anderen Herausforderungen zu stellen als gewinnorientierte Unternehmen.

Dieses Buch geht auf theoretische Grundlagen der Integrierten Kommunikation ein. Zusätzlich wird eine Auswahl der derzeit in der Wissenschaft diskutierten Modelle mit Blick auf das Potenzial Mitarbeitender zusammengetragen, um so Möglichkeiten und Grenzen der Integrierten Kommunikation in dezentral agierenden Non-Profit-Organisationen herauszuarbeiten.

Der empirische Teil basiert auf einer Online-Befragung von 500 Non-Profit-Organisationen im Bereich Umwelt und Natur in Deutschland. Sie vermittelt einen Einblick in derzeitige Personal- und Organisationsstrukturen bis hin zur Frage nach dem Stellenwert der Kommunikation in den befragten Organisationen. Die Ergebnisse der Untersuchung führen vor Augen, dass auch bei knappen finanziellen Mitteln mit einer Schärfung der Steuerung des Personaleinsatzes Integrierte Kommunikation in Non-Profit-Organisationen möglich ist und so einen Beitrag zur klaren, widerspruchsfreien Positionierung im Wettbewerb leisten kann. Aus den gewonnenen Forschungserkenntnissen wurden dann, mit Blick auf die knappen finanziellen und personellen Ressourcen, Handlungsempfehlungen abgeleitet.

Abstract

Non-profit organisations render an immense contribution to society and for good reasons enjoy a high degree of recognition and sympathy with the general public. This so called "third sector" enters into action where the activity radius of state institutions cease and, contrary to profit oriented companies, they face different personnel and structural challenges.

The present book complies with the theoretical foundation of the Integrated Communication. Furthermore, a selection of the presently in scientific circles discussed models about the potential of co-workers is being compiled in order to work out the possibilities and limits of the Integrated Communication in a decentralized operating non-profit organisation.

The empirical research is based on an online-survey of 500 non-profit organisations in the area of environment and nature in Germany. The survey presents an overview of the present personnel and organisational structures up to the question of how high the surveyed organisations value communication. The results of the survey clearly show that even with limited financial resources it is possible to achieve an Integrated Communication in non-profit organisations through a sharpened steering of the personnel engagement and then being able to contribute a clear positioning within the competition without contradictions. Under consideration of the limited financial and personnel resources, recommendations for action were formulated based on the research results.

Inhaltsverzeichnis

1   Einleitung 13

1.1   Problembeschreibung und Forschungsfrage 13

1.2   Zielsetzung 14

1.3   Aufbau 15

2   Dezentral agierende Non-Profit-Organisationen 17

2.1   Definitionen 17

2.1.1   Definition Non-Profit-Organisation 17

2.1.2   Definition „dezentral" agierende Non-Profit-Organisation 18

2.2   Darstellung des Non-Profit-Organisationssektors in Deutschland 20

2.3   Typisierung 23

2.4   Abgrenzung zwischen Profit- und Non-Profit-Organisationen 25

2.5   Strategische Aspekte und Besonderheiten 28

2.5.1   Die Rolle der Ehrenamtlichen 29

2.5.2   Self-Management 31

2.5.3   Ressourcen-Management 35

2.5.4   Potenzial-Wissen 37

2.5.4.1   Knowledge-Management 37

2.5.4.2   Intellectual Capital 43

2.6   Zusammenfassung 47

3   Integrierte Unternehmenskommunikation 51

3.1   Definition 51

3.2   Merkmale 53

3.3   Modelle 55

3.3.1   Marketing-zentrierte Modelle 56

3.3.1.1   Kommunikationsmanagement nach Pepels 56

3.3.1.2   Bruhns Modell der Integrierten Unternehmenskommunikation 57

3.3.2   PR-zentrierte Modelle 58

3.3.2.1   Kommunikationsmanagement nach Neske 58

3.3.2.2   Grunigs Konzeption von Kommunikationsmanagement 59

3.3.3   Integrative Modelle 60

3.3.3.1   Kommunikationsmanagement nach Zerfaß 60

3.3.3.2   Bogners Wiener Schule der Vernetzten Kommunikation 61

3.4   Anforderungen 63

3.4.1   Abstimmungsbereiche für Ressourcen-Erschließung 65

  3.4.1.1   Interne und externe Unternehmenskommunikation 66

  3.4.1.2   Organisationsstruktur 67

  3.4.1.3   Corporate Identity und Cross-Media-Kommunikation 69

3.4.2   Bezugsgruppen-Management 71

3.4.3   Aufgaben und Ziele 73

3.4.4   Ökonomische Aspekte 75

3.4.5   Chancen und Risiken 76

3.4.6   Barrieren und Grenzen 77

  3.4.6.1   Inhaltlich-konzeptionelle Barrieren 78

  3.4.6.2   Organisatorisch-strukturelle Barrieren 79

  3.4.6.3   Personell-kulturelle Barrieren 80

3.5   Zusammenfassung 82

4   Zusammenfassung des Theorieteils und Operationalisierung der Forschungsfrage .. 85

5   Empirische Untersuchung 89

5.1   Forschungsdesign und Methodenauswahl 89

5.2   Festlegung der Grundgesamtheit 90

5.3   Durchführung 91

5.4   Auswertungsmethode 93

5.5   Ergebnisse 94

  5.5.1   Organisationsform, Steuerung und personelle Ressourcen 95

  5.5.2   Stellenwert der Kommunikation: Chancen und Risiken 97

  5.5.3   Rollen und Verantwortlichkeiten 101

  5.5.4   Kommunikationsarbeit 102

  5.5.5   Unterschiede zentralisiert und dezentralisiert agierende NPOs 104

5.6   Zusammenfassung 105

6   Schlussbetrachtung 109

6.1   Zusammenfassung der Ergebnisse 109

6.2   Fazit und hypothesengeleitete Auswertung 110

6.3   Handlungsempfehlungen 112

6.4   Ausblick 116

7   Literaturverzeichnis 119

8   Abbildungsverzeichnis 124

9   Tabellenverzeichnis 125

10   Abkürzungsverzeichnis 126

11   Anhang 128

1 Einleitung

1.1 Problembeschreibung und Forschungsfrage

Unter Integrierter Kommunikation wird die strategische Vernetzung der Marketing-, Public Relations- und Corporate-Identity-Kommunikation verstanden. Deutlich wird durch die in der Wissenschaft stattfindende vielfältige Diskussion, dass Theorie und Praxis in der Umsetzung der Integrierten Kommunikation oft weit auseinander liegen. Oft scheitert die Umsetzung in kleinen und mittelständischen Unternehmen am fehlenden bereichsübergreifenden Verständnis für eine der Teildisziplinen. Ängste, Kompetenzgerangel, persönliche Befindlichkeiten gelten als eine der größten Barrieren gegen eine erfolgreiche Einführung der Integrierten Kommunikation. Hieraus ergibt sich die Frage, wie dies in Organisationen aussieht, die nicht profitorientiert arbeiten und deren Aufgabenstellungen eher werteorientiert sind, sodass diese Barrieren nicht in der Ausprägung vorhanden sein dürften.

Die Rede ist von Non-Profit-Organisationen (NPO). Sie müssen sich im Wettbewerb behaupten, um Aufmerksamkeit kämpfen, mit knappen finanziellen und personellen Ressourcen konkurrieren und sind auf jede einzelne helfende Hand angewiesen. Der Erfolg einer Non-Profit-Organisation beruht letztendlich auf der Motivation, Integration und Identifikation der Mitarbeitenden mit der Organisation und deren Arbeit. Ein hoher Grad an Überzeugung und Verbundenheit ist einziger Garant für das Gelingen Integrierter Kommunikation. Mit ihrer Überzeugung stehen die Mitarbeitenden für die Zielsetzung der Organisation meist ehrenamtlich ein. Die Erhaltung von Werten, Pflege und Ausbau sozialer Vernetzung, Erhaltung von Kulturgütern oder historischer Belange bis hin zum Schutz der Umwelt und Natur seien hier als Beispiele genannt. Nicht umsonst genießen diese Organisationen hohe Wertschätzung in der Gesellschaft.

Aufgrund gänzlich anderer Personal- und Organisationsstrukturen in Non-Profit-Organisationen im Vergleich zu For-Profit-Organisationen (FPOs) sind Jobängste oder befürchtete Kompetenzbeschneidungen für ehrenamtlich Mitarbeitende nicht existenzbedrohlich gegeben. Sie engagieren sich freiwillig und dienen einer gemeinwohlorientierten Sache. Jeder einzelne Ehrenamtliche arbeitet als Profi entsprechend seiner beruflichen Qualifikation, Erfahrung und seines Wissens sowie seiner zur Verfügung stehenden Zeit und bringt sich damit in die Organisation ein.

Gleichzeitig müssen Non-Profit-Organisationen sich sehr heterogenen Bezugsgruppen stellen, die es in gewinnorientierten Unternehmen in der Regel nicht gibt. Die Rede ist nicht nur von den internen Anspruchsgruppen, z. B. ehrenamtlich Mitarbeitenden oder Bundesfreiwilligendienstleistende[1], sondern auch von externen Anspruchsgruppen, z. B. Spendenden oder Sponsoren mit ihren spezifischen Befindlichkeiten, die Einfluss auf das Wirken der Organisation nehmen.

Der gesellschaftliche Wandel macht es notwendig, dass gerade Non-Profit-Organisationen umdenken und ihre Rahmenbedingungen des Handelns umstrukturieren bzw. überdenken müssen. Als Dienstleister und Boten gelebter Demokratie haben sie einen festen Platz in einer modernen demokratischen Gesellschaft. Besonders die Frage der Ressourcenbeschaffung und vor allem deren effizienter Einsatz sind mit die größten Herausforderungen, der sich diese Organisationen stellen müssen. Das steigende Interesse der Bezugsgruppen an den Organisationen, Individualisierung und Differenzierung der Organisationen am Markt, die stetig steigenden Kommunikationsansprüche sowie Einflussnahmen externer Bezugsgruppen gehören zum Organisationsalltag.

Mit Blick auf den empirischen Forschungsprozess wird zu Beginn das zu untersuchende Problem definiert, um so die wissenschaftliche Fragestellung zu formulieren, welche letztendlich mit Hilfe der Forschungsfrage konkretisiert und präzisiert wird. Die vorliegende Studie geht folgender **Forschungsfrage** nach:

Welche Grenzen und Möglichkeiten gibt es für die Umsetzung der Integrierten Kommunikation in dezentral agierenden Non-Profit-Organisationen im Bereich Umwelt und Natur?

1.2 Zielsetzung

Mit dieser Studie soll untersucht werden, ob und in wieweit Integrierte Kommunikation in örtlich verstreut agierenden Non-Profit-Organisationen umgesetzt werden kann. Ziel ist es dabei, die strukturelle Ausrichtung sowie die vorhandenen personellen Ressourcen der Organisationen zu erheben, was für die Basis der Integrierten Kommunikation unerlässlich ist.

---

[1] Mit der Einführung des Bundesfreiwilligendienstgesetz (BFDG) zum 1. Juli 2011 in Deutschland wurde der „Zivildienst" durch den „Bundesfreiwilligendienst" (BFD) abgelöst. Der BFD ergänzt die bisherigen Freiwilligendienste, wie das Freiwillige Soziale Jahr (FSJ) und das Freiwillige Ökologische Jahr (FÖJ). Die dieser Arbeit zugrunde gelegte wissenschaftliche Literatur deutschsprachiger Länder verwendet durchgängig den Begriff Zivildienst. Deshalb werden die beiden Begriffe Bundesfreiwilligendienst und Zivildienst in dieser Arbeit synonym verwendet.

Die vorliegende Untersuchung geht davon aus, dass Integrierte Kommunikation aufgrund der personell- strukturellen und ideologischen Voraussetzungen sowie Rahmenbedingungen von Non-Profit-Organisationen eher umzusetzen ist als in For-Profit-Organisationen. Ziel dieser Untersuchung ist es, die wesentlichen Elemente und Kriterien der Integrierten Kommunikation einerseits sowie die personellen Besonderheiten von Non-Profit-Organisationen andererseits herauszuarbeiten, um so die theoretische Basis für die Umsetzung der Integrierten Kommunikation zu schaffen. Die Forschungsergebnisse sollen klären, ob die Erfahrungen der befragten Kommunikationsverantwortlichen der Non-Profit-Organisationen mit den wissenschaftlichen Erhebungen des Theorieteils übereinstimmen und die Voraussetzungen für die Umsetzung der Integrierten Kommunikation in dezentral agierenden Non-Profit-Organisationen gegeben sind.

Es ist nicht Ziel dieses Buchs, klare Handlungsanweisungen für die Umsetzung Integrierter Kommunikation in dezentral agierenden Non-Profit-Organisationen zu geben. Eher sollen hiermit Einblicke und Anregungen vermittelt werden, die als Leitfaden dienen, wie zum einen trotz knapper finanzieller und personeller Ressourcen das Alleinstellungsmerkmal und Potenzial „Mitarbeiterwissen" optimal und effizient genutzt werden kann. Zum anderen soll es ein Werkzeug für die Umsetzung Integrierter Kommunikation und als Folge die Chance einer klaren Positionierung der Organisation am Markt sein.

1.3 Aufbau

Das vorliegende Buch teilt sich mit dem Ziel der Beantwortung der Forschungsannahme in zwei Hauptteile, den theoretischen und den empirischen Teil, auf.

Der Theorie-Teil stellt einen allgemeinen Überblick dar und befasst sich intensiv mit der Erhebung wissenschaftlicher Literatur zu den Themen Non-Profit-Organisationen und deren Besonderheiten, Potenzial-Wissen, Dezentralität sowie Integrierte Kommunikation. Hierzu befasst sich das zweite Kapitel zunächst mit dem Non-Profit-Sektor in Deutschland. Dort wird die gesellschaftliche Relevanz und Bedeutung des sog. Dritten Sektors herausgearbeitet. Weiter werden dezentral agierende Non-Profit-Organisationen untersucht, definiert und darauf aufbauend eine Typisierung vorgenommen. Außerdem werden die Abgrenzung zu Profit-Unternehmen sowie strategische Besonderheiten herausgearbeitet, wie z. B. das Potenzial-Wissen der Mitarbeitenden und die Rolle der Ehrenamtlichen, um für die Untersuchung eine fundierte Basis für das Wesen und Wirken von Non-Profit-Organisationen zu schaffen.

Im dritten Kapitel wird eine Auswahl der derzeit in der Wissenschaft diskutierten Modelle der Integrierten Kommunikation zusammengetragen und anhand der Forschungsfrage definiert und diskutiert. Um dies mit Blick auf die Möglichkeiten von Non-Profit-Organisationen reflektieren zu können, wurden hierzu auch die organisatorischen Voraussetzungen, ökonomische Aspekte sowie Barrieren und Grenzen bis hin zu den Besonderheiten in den Bezugsgruppen betrachtet. Eine Zusammenfassung der gewonnenen Erkenntnisse rundet den Theorieteil mit Kapitel vier ab.

Auf Basis der gewonnenen theoretischen Erkenntnisse wird im zweiten Teil dieses Buchs, dem empirischen Teil, die genaue Vorgehensweise der Untersuchung erläutert. Hierzu werden in Kapitel fünf die Forschungsmethode und das Erhebungsinstrument vorgestellt sowie die Auswahl der Grundgesamtheit erläutert. Es wird erklärt, wie mittels quantitativer Forschung durch die Befragung von Kommunikationsexperten in Non-Profit-Organisationen Einblick in die Personal- und Organisationsstruktur gegeben werden soll. Hierzu wird die zu untersuchende Branche des Dritten Sektors vorgestellt.

Im letzten, dem sechsten, Kapitel werden die theoretischen und empirischen Erkenntnisse anhand der Forschungsfrage zusammengetragen, gegenübergestellt und reflektiert. Dies führt zu einer Empfehlung hinsichtlich des optimalen und effizienten Einsatzes der heterogenen Mitarbeitenden einer Organisation als Basis zum Gelingen der Integrierten Kommunikation. Schließlich vermittelt der Ausblick eine Tendenz der zukünftigen Weiterentwicklung der Integrierten Kommunikation in Non-Profit-Organisationen sowie mögliche Ansätze für die weitere Forschung.

2 Dezentral agierende Non-Profit-Organisationen

2.1 Definitionen

2.1.1 Definition Non-Profit-Organisation

In der einschlägigen wissenschaftlichen Fachliteratur finden sich unterschiedliche Begriffe für „Non-Profit-Organisationen". Den Begriff „nonprofit" (nicht profitorientiert) prägte anfänglich die Betriebswirtschaftslehre, um diese Organisationen eindeutig von erwerbswirtschaftlichen Unternehmen oder Profit-Organisationen abzugrenzen (vgl. Schwarz 2001: 20). Hinzu kommt nach Helmig und Purtschert (vgl. 2006: 4), dass der Begriff auch sehr stark kulturabhängig ist. Das Deutsche Universalwörterbuch Duden (2007: 733) definiert den Begriff „Non-Profit-Unternehmen" als ein „ohne Gewinnerzielungsabsicht agierendes Unternehmen", da bei diesen Organisationen die Gewinnabsicht tatsächlich nicht im Vordergrund steht oder gar nicht besteht.

Nach Schwarz (vgl. 2001: 16ff.) bezeichnet vor allem die volkswirtschaftliche und politikwissenschaftliche Seite seit geraumer Zeit den Non-Profit-Bereich als „Dritten Sektor" – zwischen dem Staat einerseits und den erwerbswirtschaftlichen Unternehmungen andererseits. Die an sich als negativ empfundene Begriffsdefinition wird, genau wie auch „nichtstaatlich" oder „Nicht-Regierungs-Organisation" (NRO), international verwendet. Ebenso verdeutlicht der angloamerikanische Terminus „Non-Governmental-Organisation" (NGO) die klare Abgrenzung von Non-Profit-Organisationen, welche grundsätzlich öffentliche (staatliche) Aufgaben wahrnehmen. Weiter führt Schwarz (vgl. ebenda) aus, dass der Begriff NGO weniger gebräuchlich ist und eher in Entwicklungsländern, aber auch für politisch aktive humanitäre oder ökologische Organisationen wie Greenpeace, WWF, Médicins sans frontières und andere genutzt wird. Somit soll diese Definition schlicht die Vielfalt der angewandten Begrifflichkeiten demonstrieren und eine Kennzeichnung für international agierende Organisationen aufzeigen.

Vom „Dritten Sektor" wird darüber hinaus gesprochen, da Non-Profit-Organisationen weder dem „Ersten Sektor" (der privat gewinnorientierten Wirtschaft) noch dem „Zweiten Sektor" (der staatlich bzw. öffentlich verfassten Wirtschaft) zuzurechnen sind. (vgl. Birkhölzer, Kistler und Mutz 2004: 11f.). Non-Profit-Organisationen sind jene produktiven sozialen Systeme mit privater Trägerschaft, die ergänzend zum Staat und marktgesteuerten erwerbswirtschaftlichen Unternehmen mit spezifischen Zielen der

Bedarfsdeckungs-, Förderungs- und Interessenvertretungen für ihre Mitglieder oder auch Dritte agieren (vgl. Helmig und Purtschert 2006: 4).

Weiter sind nach Andeßner (vgl. 2004: 33) Non-Profit-Organisationen ein soziales System, welches produktiv und in ein gesellschaftliches Umfeld integriert ist. Es erstellt Leistungen für seine Mitglieder oder für Dritte und strebt in seiner Tätigkeit die Erfüllung einer ideellen Mission bzw. eines gesellschaftlich erwünschten bedarfswirtschaftlichen Auftrages an. Sie ist weder von renditeorientierten Eigentümern gesteuert noch wird eine unmittelbare staatliche Hoheitsgewalt ausgeübt oder gar ihre Tätigkeit auf den Bereich des privaten Haushalt beschränkt. Ein Mindestmaß an formaler Struktur wird ausgewiesen und unterliegt keiner Fremdsteuerung durch andere Organisationen.

Im Rahmen dieser Untersuchung werden die Begriffe „Non-Profit-Organisation", „NPO", der „Dritte Sektor" und „Non-Profit-Sektor" synonym verwendet, wobei der Begriff „Organisation" ebenfalls für NPO steht.

2.1.2 Definition „dezentral" agierende Non-Profit-Organisation

Der Fokus dieser Studie liegt auf *dezentral* agierenden Non-Profit-Organisationen, wobei es nicht nur um unterschiedliche Standorte bzw. „Tochterorganisationen" einer Non-Profit-Organisation geht, sondern auch um die einzelnen Helfer, die beispielsweise für eine bestimmte Aufgabe hauptverantwortlich sind und von unterschiedlichen Standorten aus agieren. Entsprechend soll zunächst der Begriff „Dezentralität" für die vorliegende Untersuchung klar definiert werden.

Dörrenbächer und Riedel (2000: 18) definieren Dezentralität als „ein kontextgesteuertes Netz von geographisch verteilten Unternehmenseinheiten, das flexibel dezentral agierende Integrationsanforderungen (economies of scale) mit nationalen Differenzierungsnotwendigkeiten (responsiveness) verbinden soll". Mit Blick auf die vorliegende Studie gilt es, die einzelnen Helfenden bzw. Standorte organisationskontextspezifisch zu integrieren. Jeder einzelne Helfende einer Organisation, so er denn mit einer spezifischen Aufgabenstellung betraut ist, bildet ein geografisch verteiltes Helfernetz, welches es zu steuern gilt.

Weiterhin werden in der wissenschaftlichen Literatur Begriffe wie „Dezentralisierung", „dezentral agierend" und „verstreut agierend" verwendet. Fayol und Reineke (1929: 28) definieren „Dezentralisierung" wie folgt: „Alles, was die Bedeutung der Rolle des Untergebenen erhöht, ist Dezentralisation, alles was diese Bedeutung mindert, Zentralisation." Hierbei ist es durchaus möglich, den Begriff „Bedeutung" durch Autonomie, Handlungsspielraum, Entscheidungs- oder Weisungsbefugnis oder auch Verantwortung zu ersetzen. Entscheidungsprozesse stehen mit ihren unterschiedlichen Phasen und Schritten im Vordergrund. „When all power for decision making rests at a single point in the organization – ultimately in the hands of a single individual – we shall call the structure centralized; to the extend that the power is dispersed among many individuals, we call the structure decentralized" (vgl. Mintzberg 1979: 181). Auch hier gilt es wieder, den Blick auf einzelne Standorte im Sinne von einzelnen Helfenden mit ihren spezifischen Aufgaben zu richten, die in die Entscheidungsprozesse der Organisationen einzubinden sind.

Diesen Aspekt unterstreichen Laux und Liermann (vgl. 2005: 373ff.), in dem sie sich auf genau diesen Entscheidungsprozess, als Dezentralisierungsobjekt, konzentrieren und die folgenden Formen der Dezentralisierung definieren:

- Die Verlagerung von Entscheidungsbefugnis an hierarchisch untergeordnete EntscheidungsträgerInnen,
- die Zerlegung des Entscheidungsprozesses in Teilprozesse und Übertragung dieser an verschiedene EntscheidungsträgerInnen sowie
- die Übergabe von Entscheidungen als Ganzes an ein Kollektiv von Entscheidungsträgerinnen.

Trifft man auf den personalwirtschaftlichen Forschungsbereich, führt die angelsächsische Literatur neben dem Begriff der Dezentralisierung zusätzlich die Begriffe Devolution oder Devolvement ein. „Während Dezentralisierung für die grundsätzliche Übertragung von Entscheidungskompetenzen auf Subeinheiten der Unternehmung steht, wird mit Devolution/Devolvement die vertikale Segmentierung der Personalarbeit bezeichnet" (Groening 2005: 103).

Eine genaue Abgrenzung des Begriffs „Dezentralisation" ist schwierig, da die AutorInnen sehr unterschiedliche Sichtweisen auf die Problematik haben und die Interpretationen aus diesem Grund schwer fallen. Die meisten Ansätze gehen jedoch in Richtung „geografischer", „aufgaben-" oder „entscheidungsorientierter" Natur (vgl. Käfer 2007: 25f.).

Geografische Natur:	- Räumliche Verteiler einzelner Elemente in Kilometer
Aufgabenbezogen Natur:	- Zuordnung von Handlungsrechten auf Organisationseinheiten
	- Zuordnung und Verteilung von Teilaufgaben auf Stellen und Abteilungen (vgl. Bleicher 1966: 42)

Entscheidungsorientierte Natur: -   Hierarchische Verteilung von Entscheidungsbe-
fugnissen auf über- und untergeordnete Stellen

Brewster und Söderström (1994: 51) definieren folgende begriffliche Abgrenzung: „By decentralization we mean the allocation out to more local parts of the organization of tasks formerly undertaken by the personnel specialists to line manager." In der deutsch-sprachigen Literatur findet – nach Kenntnis der Verfasserin – eine derartige Begriffsab-grenzung bzw. Begriffsdifferenzierung nicht statt.

Die vorliegende Studie bezieht sich auf die geografische Dimension und somit auf den räumlichen Verteiler der einzelnen Elemente (hier: Mitarbeitende bzw. Standorte) in Kilo-metern, gepaart mit der aufgabenbezogenen Dimension entsprechend der Organi-sationszielsetzung.

Vor dem Hintergrund des Forschungsansatzes wird der Begriff „dezentral" zugrunde gelegt, da er den Aspekt der Differenzierung sowie die Übertragung von Entscheidungs-kompetenzen auf Subeinheiten (und somit Standorte) mitberücksichtigt. Des Weiteren können dezentralisierte Organisationen vollständig oder teilweise dezentralisiert sein. Vollständig dezentralisierte Organisationen haben keine Zentrale sowie viele verstreute Standorte/Mitarbeitende. Teilweise dezentralisierte Organisationen haben eine Zentrale, aber viele verstreute Standorte/Mitarbeitende.

2.2 Darstellung des Non-Profit-Organisationssektors in Deutschland

Was den Non-Profit-Sektor in Deutschland von anderen Ländern unterscheidet, ist wohl das sehr strukturierte Arrangement, welches die signifikanten Bereiche des Non-Profit-Sektors bzw. die Öffentlichkeits-Sektor-Beziehung steuert. Ursächlich hierfür ist in Deut-schland das so genannte Subsidiaritätsprinzip (vgl. Anheier, Toepler und Sokolowski 1997: 191). Ein Prinzip, das dem Staat nur ergänzende Tätigkeit zugesteht und Non-Profit-Organisationen den Vorrang gegenüber der öffentlichen Hand bei der Erstellung sozialer Dienstleistungen zuweist (vgl. Duden 2007: 983).

Subsidiarität ist kein sehr altes Prinzip, übertrifft aber in ökonomischer Hinsicht die nachfolgend genannten Prinzipien bei Weitem und existiert in der reichhaltigen deutschen Tradition der Dezentralisation und lokaler Steuerung. Neueste Untersuchungen zeigen, dass Subsidiarität als relativ neue grundlegende Entwicklung im deutschen Non-Profit-

Sektor erscheint und erst in den 1960er Jahren eine vertraute Basiskomponente der sozialen Körperschaft wurde (vgl. Anheier, Toepler und Sokolowski 1997: 191).

Badelt, Meyer und Simsa (vgl. 2007: 20) kennzeichnen und ergänzen den Dritten Sektor noch um die Kriterien *Selbstverwaltungsprinzip,* welches die Entwicklung von Non-Profit-Organisationen aus einer kommunalen und ständischen Ordnung heraus ermögliche, sowie *Prinzip der Gemeinwirtschaft,* welches auf der Suche nach einer Alternative sowohl zum Kapitalismus als auch zum Sozialismus beruht.

Hinzu kommt die gesellschaftliche und wirtschaftliche Bedeutung des Non-Profit-Sektors, durch die immer mehr Interesse in Politik und Verwaltung geweckt wird. Der Druck und die Anforderungen an den Dritten Sektor steigen, nicht nur aus der Konkurrenzsituation heraus. Der deutsche Non-Profit-Sektor erfüllte 1995 mit mehr als zwei Millionen Arbeitsplätzen und einem Leistungsanteil von 3,9 Prozent des Bruttosozialprodukts eine bedeutende wirtschaftliche Funktion. Nicht unerwähnt bleiben sollte das Wachstum und die strukturelle Veränderung des Non-Profit-Sektors durch die Transformation in den neuen Bundesländern mit einem Gesamtumfang von 20 Prozent. Vor allem aber ist der Non-Profit-Sektor im Wesentlichen in den vergangenen drei Jahrzehnten entstanden (vgl. Badelt, Meyer und Simsa 2007: 18ff.).

Die politisch-institutionelle Kompromissstellung des Non-Profit-Sektors ist auf die Vermischung neuer Formen wie der freiwilligen Vereinigungen, der Anstalten und Körperschaften des öffentlichen Rechts, mit Elementen der mittelalterlich-ständischen Gesellschaft, wie z. B. der Zünfte, Gilden und kirchlichen Stiftungen, zurückzuführen. Seine volle Entfaltung fand der Dritte Sektor Ende des 20. Jahrhunderts durch die Ausdifferenzierung des privatwirtschaftlichen Gesellschaftsrechts und seiner Organisationsformen mit den privatrechtlichen Vereinen, den öffentlich-rechtlichen Anstalten, Körperschaften und Stiftungen sowie den privatrechtlichen Stiftungen nach bürgerlichem Recht. Die dadurch entstandene Segmentierung der Organisationen bot der Privatwirtschaft und den öffentlichen Behörden ganz unterschiedlichen Interessen und Kräften Anknüpfungspunkte (vgl. Badelt, Meyer und Simsa 2007: 19ff.).

Heute zählt der Dritte Sektor dank seines hohen Maßes an institutioneller Elastizität und Kontinuität zu den Garanten gesellschaftlicher und politischer Stabilität. Bis 1989 galt dies jedoch ausschließlich für Westdeutschland und West-Berlin. Das totalitäre und autoritäre politische Regime der DDR hat die Eigenständigkeit des Non-Profit-Sektors in den Jahren 1933 bis 1989 weitgehend zerschlagen und unterbunden, und damit seine soziale und politische Integrationskraft (vgl. Badelt, Meyer und Simsa 2007: 19ff.).

Welche Organisationsformen und -typen in Deutschland typischerweise unter den Begriff „Non-Profit-Sektor" fallen, formulieren Badelt, Meyer und Simsa (vgl. 2007: 22ff.) wie folgt:

- Eingetragene Vereine
- Gemeinnützige Vereine
- Geselligkeitsvereine
- Stiftungen
- Einrichtungen der freien Wohlfahrtspflege
- Gemeinnützige GmbHs und ähnliche Gesellschaftsformen
- Organisationen ohne Erwerbszweck
- Verbände des Wirtschafts- und Berufslebens, Gewerkschaften
- Verbraucherorganisationen
- Selbsthilfegruppen
- Bürgerinitiativen
- Umweltschutzgruppen und
- Staatsbürgerliche Vereinigungen

Betrachtet man das ökonomische Gewicht des Non-Profit-Sektors bis 1990, so bot der Sektor ca. 1,3 Mio. Arbeitsplätze, was 3,7 Prozent der Gesamt-Vollzeitbeschäftigung in Deutschland entspricht. In Ostdeutschland waren es bis Ende der 1990er Jahre hingegen ca. 80.000 Vollzeitarbeitsplätze, also nur ein Prozent der damaligen Erwerbsbevölkerung. Völlig unbeachtet bleibt bei diesen Zahlen die Arbeit der freiwilligen bzw. der ehrenamtlich Arbeitenden, was je nach zugrundegelegtem Berechnungsschema zusätzlich vier bis fünf Prozent Wertschöpfung ausmachen würde. Der Non-Profit-Sektor machte im Jahr 1990 insgesamt einen Umsatz von rund 47,8 Milliarden Euro (DM 93,4 Mrd.), was etwa 3,9 Prozent des Bruttosozialprodukts entspricht (vgl. Badelt, Meyer und Simsa 2007: 22ff.).

Die sehr heterogenen Branchen des Non-Profit-Sektors setzen sich wie folgt zusammen:

- Kultur und Erholung
- Bildung und Forschung
- Gesundheitswesen
- Soziale Dienste
- Umwelt und Naturschutz
- Wohnungswesen und Beschäftigung
- Bürger- und Verbraucherinteressen
- Stiftungen
- Internationale Aktivitäten

- Wirtschafts- und Berufsverbände
- Sonstige (Religion u.a.)

Die Bereiche Gesundheitswesen und Soziale Dienste dominieren allerdings deutlich (vgl. Badelt, Meyer und Simsa 2007: 23).

Signifikant sind auch die Forschungsergebnisse, dass der Non-Profit-Sektor in Deutschland einen höheren Anteil weiblicher Beschäftigter als jeder andere Sektor und jede andere Branche hat. 65 Prozent des Sektors stehen 41 Prozent der Gesamtwirtschaft gegenüber. Dieses Verhältnis zwischen den Geschlechtern gleicht sich jedoch im ehrenamtlichen Bereich etwas aus (vgl. Badelt, Meyer und Simsa 2007:30).

2.3 Typisierung

Was allen Non-Profit-Organisationen gemein ist, ist die Tatsache, dass sie nicht kommerziellen Zwecken (im Gegensatz zu For-Profit-Organisationen) dienen. Das breite und umfassende Spektrum an Dienstleistungen von Non-Profit-Organisationen im sozialen, ökologischen und kulturellen Bereich ist ein elementarer Bestandteil unserer Gesellschaft (vgl. Luthe 1994: 1). Die nachstehende Tabelle (Tabelle 1) skizziert die institutionelle Vielfalt und die Verschiedenartigkeit der Tätigkeitsfelder des Non-Profit-Sektors und zeigt auf, in welchen Erscheinungsformen Non-Profit-Organisationen auftreten können. Hierbei sind die Institutionen nach staatlicher und privater Trägerschaft geordnet.

Tabelle 1: Vielfalt der Non-Profit-Organisationen
Quelle: eigene Darstellung nach Schwarz et al. 2009: 21

Trägerschaft		Zweck/Aufgabe	Arten/Typen
Staatliche NPO	*Gemeinwirtschaftliche NPO*	Erfüllung demokratisch festgelegter öffentlicher Aufgaben (auf Bundes-, Kantons-, Gemeindeebene), Erbringung konkreter Leistungen für die Bürger	öffentliche Verwaltungen, öffentliche Betriebe, Verkehr, Post, Energie, Spital, Anstalt, Schule, Universität, Museum, Theater, Bibliothek
Halbstaatliche NPO	*Öffentlich-rechtliche Selbstverwaltungskörperschaften*	Erfüllung übertragener Aufgaben auf gesetzlicher Grundlage, mit Pflichtmitgliedschaft, teils freiwillige Aufgaben	Kammern in Deutschland, Österreich: Wirtschaftsbetriebe, Selbstständigerwerbende, Angestellte, Sozialversicherungen in Österreich

Private NPO	Wirtschaftliche NPO	Förderung und Vertretung der wirtschaftlichen Interessen der Mitglieder	Wirtschaftsverbände, Arbeitnehmerorganisationen, Berufsverbände, Konsumentenorganisationen, Genossenschaften (mitgliedschaftliche Unternehmungen)
	Soziokulturelle NPO	Gemeinsame Aktivitäten im Rahmen kultureller, gesellschaftlicher Interessen, Bedürfnisse der Mitglieder	Sportvereine, Freizeitvereine, Kirchen, Privatclubs, spiritistische Zirkel, Sekten
	Politische NPO	Gemeinsame Aktivitäten zur Bearbeitung und Durchsetzung politischer (ideeller) Interessen und Wertvorstellungen	politische Parteien, Natur-, Heimat- und Umweltschutzorganisationen, Politisch orientierter Verein, organisierte Bürgerinitiativen
	Soziale NPO	Erbringen karitativer Unterstützungsleistungen für bedürftige Bevölkerungskreise (Wohltätigkeit, Gemeinnützigkeit, Wohlfahrt) im Sozial- und Gesundheitsbereich	Hilfsorganisationen und Dienstleistungsbetriebe für Kranke, Betagte, Behinderte, Geschädigte, Süchtige, Arme, Benachteiligte Entwicklungshilfe-Organisationen, Selbsthilfegruppen mit sozialen Zwecken

Nach Badelt, Meyer und Simsa (vgl. 2007: 22) wirkt der Non-Profit-Sektor in unterschiedliche rechtliche und institutionelle Bereiche hinein und erschwert so die statistische Erfassung. Die Rede ist von der privatrechtlichen Unterscheidung von eingetragenen Vereinen (e.V.), Gesellschaften mit beschränkter Haftung (GmbH), Aktiengesellschaften (AG) sowie Genossenschaften und Stiftungen. Wobei ein Kriterium des Non-Profit-Sektors eine interne Differenzierung erfährt, und zwar in seinen privatrechtlichen Teilen: der Gemeinnützigkeit.

Non-Profit-Organisationen sind in sämtlichen Bereichen der Gesellschaft aktiv. Die verschiedenen Typen von Non-Profit-Organisationen erbringen dabei ganz unterschiedliche Leistungen. Während wirtschaftlich ausgerichtete Organisationen die wirtschaftlichen Interessen ihrer Mitglieder vertreten, erbringen karitative Non-Profit-Organisationen soziale und entgeltliche Unterstützungsleistungen an bedürftige Bevölkerungskreise und im Sozial- und Gesundheitsbereich (vgl. Badelt, Meyer und Simsa 2007: 23).

Festzustellen ist darüber hinaus, dass karitative Organisationen eine Besonderheit haben: Sie agieren unter Umständen auch im Auftrag des Staates, beispielsweise in Einrichtungen für Kinder, in der Jugendarbeit, in Krankenhäusern oder Altersheimen. Im Besonderen in den Bereichen Fürsorge, Randgruppenarbeit oder Entwicklungshilfe sorgen sie für sozialen Ausgleich und übernehmen dabei eine wichtige Funktion (vgl. Schwarz 2001: 16ff.). Der Begriff „karitativ" kommt ursprünglich aus dem Lateinischen „carus" und bedeutet wohltätig (vgl. Duden 2007: 564).

2.4 Abgrenzung zwischen Profit- und Non-Profit-Organisationen

Im deutschen Sprachgebrauch gibt es nach wie vor Unklarheiten über den zugrunde liegenden NPO-Begriff. Es wird daher nahegelegt, mittels eines Merkmalkatalogs zu überprüfen, welche Organisationen als Non-Profit-Organisationen anzusehen sind. Badelt, Meyer und Simsa (vgl. 2007: 6ff.) halten folgende Kriterien fest, die für die Zuordnung einer Organisation zum Non-Profit-Sektor entscheidend sind:

Aufgrund der in vielen Ländern sehr unterschiedlich vorliegenden *Formalvorschriften* ist hier ein Mindestmaß an formalisierten Entscheidungsstrukturen oder Verantwortlichkeiten erforderlich.

Des Weiteren weisen Non-Profit-Organisationen ein Minimum an Selbstverwaltungs- und Entscheidungs*autonomie* auf. Die wichtigsten Entscheidungen können (zumindest formal) innerhalb der Organisation getroffen werden.

Aus Management-Perspektive heraus sind *Menschen* ein weiteres Merkmal von Non-Profit-Organisationen. Zum einen ist ein Mindestmaß an *ehrenamtlicher Mitarbeit* ein Charakteristikum. Viele Non-Profit-Organisationen bestehen sogar fast ausschließlich aus freiwilligen Helfern ab 14 Jahren. Jedes Jahr wird ehrenamtliche Arbeit im Wert von vielen Milliarden Euro geleistet. Das konsequente Ermitteln der Präsenz der Ehrenamtlichen gilt als besondere Herausforderung und begründet einen unschätzbaren Wert für eine Non-Profit-Organisationen. Jeder Einzelne muss für seine spezifische Rolle und Wert für die Organisation verfügbar sein (vgl. Wu und Shyu 2011: 612). Eckardstein (vgl. 2007: 273ff.) ergänzt diese Definition noch um die Zivildienstleistenden, die aufgrund einer militärischen Verpflichtung im Dritten Sektor tätig sind. Insofern obliegt es dem Personalmanagement, sich auf die jeweilige Koordination und Kombination von entgeltlich Beschäftigten, ehrenamtlich Tätigen und Zivildienstleistenden einzustellen, was sich deutlich von gewinnorientierten Unternehmen im Normalfall unterscheidet. Hinzu kommt der sich grundsätzlich von gewinnorientierten Organisationen unterscheidende Aspekt der „anderen Motivstrukturen" (Eckardstein 2007: 275). Gesamtheitlich betrachtet spielt dieses entscheidende Abgrenzungsmerkmal zu Profit-Unternehmen eine wichtige Rolle bei der Finanzierungsproblematik in Non-Profit-Organisationen (vgl. Schwarz et al. 2009: 20).

Im Gegensatz zu For-Profit-Organisationen unterliegen Non-Profit-Organisationen einem **Gewinnausschüttungsverbot.** Dies bedeutet, dass Gewinne nicht an Eigentümer oder Mitglieder ausgeschüttet werden. Dies bedeutet jedoch nicht, dass sie keine Gewinne erwirtschaften dürfen. Lediglich die Art der Gewinnverwendung ist hier das charakteristische Merkmal und bedeutet, dass Gewinne nur für den Organisationszweck genutzt werden dürfen. Der Begriff „nonprofit" bringt die Abgrenzung bereits klar zum Ausdruck und unterstreicht im Besonderen die Gemeinnützigkeit (vgl. Badelt, Meyer und Simsa 2007: 7).

Nach Bogner (vgl. 2005: 311) wird auch die klassische Abgrenzung zwischen **PR, Corporate Identity und Marketing** im Non-Profit-Bereich schwieriger. Seinen Ausführungen zu Folge erlangt hier der „ganzheitliche Ansatz – gleiche Inhalte, unterschiedliche Bezeichnungen" (ebenda) eine besondere Bedeutung.

Während im kommerziellen Bereich hauptsächlich materielle Sachgüter als so genannte **Produkte** gelten, sind im Non-Profit-Sektor damit wesentlich komplexere und vielschichtigere Angebote meist immaterieller Natur gemeint. Hierzu zählen beispielsweise Beratungsgespräche, die auf die Bedürfnisse und Interessen ihrer Bezugsgruppen eingehen und versuchen, diese zu erfüllen (vgl. Bruhn 2009: 41ff.).

Weiter sind im Gegensatz zu kommerziellen Unternehmen Non-Profit-Organisationen vor allem auf externe **finanzielle Unterstützung** angewiesen um handlungsfähig sein zu können. Die Generierung von Geldern erfolgt hier über *Spendeneinnahmen* oder *Mitgliedsbeiträgen* bis hin zu *Sponsoring* und *Fundraising* (vgl. Bruhn 2009: 41ff.):

Unter *Sponsoring* versteht man die systematische Bereitstellung von Geld- und Sachmitteln oder Dienstleistungen durch Unternehmen für Personen oder Organisationen zur Erreichung unternehmerischer Marketing- bzw. Kommunikationsziele. Im Unterschied zum Spendenwesen und zum Mäzenatentum stellt das Sponsoring ein Gegengeschäft dar: Unternehmen erhalten im Gegenzug kommunikative Leistungen, wie z. B. Publizität oder Imagegewinne, etc. (vgl. Bentele, Fröhlich und Szyszka 2008: 623).

Fundraising ist für Non-Profit-Organisationen ein weiteres ganz wesentliches Element zur Generierung von Geldern, wobei der Begriff „Fundraising" für die gesamten Formen der Geldansammlung und Vermögensbildung steht. So sieht Pleil (vgl. 2004: 16) im Fundraising vor allem die Pflege der Beziehungen einer Organisation zu bestehenden und potenziellen Spendern, aber auch ein geplantes Anwerben von potenziellen Unterstützern.

Non-Profit-Organisationen sind private, nicht staatliche Organisationsformen. Eine Finanzierung durch die öffentliche Hand muss aber nicht unbedingt ausgeschlossen sein (vgl. Badelt, Meyer und Simsa 2007: 6ff).

Ein besonderes Unterscheidungsmerkmal des Dritten Sektors ist auch, dass er, im Gegensatz zu For-Profit-Unternehmen, seitens der Öffentlichkeit einen Vertrauensbonus genießt. Dies gilt ebenso für die Medienvertreter, die einer qualifizierten Non-Profit-Kommunikation eine wesentlich höhere *Glaubwürdigkeit* unterstellen (vgl. Pleil 2004: 9).

Ergänzend führen Birkhölzer, Kistler und Mutz (vgl. 2004: 12) die nachfolgenden Unterscheidungsmerkmale an:

- Vorrang sozialer und/oder gemeinwesenbezogener Zielsetzungen
- Bürgerschaftliches unternehmerisches Engagement
- Gemeinwirtschaftliche Gewinnverrechnung und
- Kooperative Organisationsformen

Festzustellen ist, dass die angeführten Merkmale sehr trennunscharf sind und in der Realität in unterschiedlich stark ausgeprägtem Ausmaß auftreten können. Dies ist die Folge der doch sehr unterschiedlichen formalen Strukturen, des variierenden Anteils an ehrenamtlicher Arbeit oder der Distanz zur öffentlichen Hand. Vor allem spiegelt dies aber die demokratiepolitische Vielfalt des Dritten Sektors wider (vgl. Badelt, Meyer und Simsa 2007: 6ff.).

Zusammenfassend kann gesagt werden, dass eine Non-Profit-Organisation ein „dachzieldominierter Zweckverband zur Verwirklichung ideeller Ziele" (Krzeminski 1996: 3) ist. Ohne das Engagement der Mitglieder und Mitarbeitenden solcher Einrichtungen könnte eine pluralistische Gesellschaft nicht existieren (vgl. ebenda).

2.5 Strategische Aspekte und Besonderheiten

Non-Profit-Organisationen befinden sich derzeit in einem großen Umwandlungsprozess. Es wird nicht nur maßgeschneiderter, hoch qualifizierter Service erwartet, während gleichzeitig umweltbedingte Komplexität und der Mangel an Ressourcen bewältigt werden müssen. In dem Zusammenhang sind Non-Profit-Organisationen aufgerufen, deren Kernprozesse sowie organisatorische Paradigmen zu überarbeiten. Um Spitzenleistung zu erreichen, sollten, nach Lettieri, Borga und Savoldelli (vgl. 2004: 16) alle vorhanden Ressourcen mit steigender Effizienz und Effektivität eingesetzt werden. Das Wichtigste hierbei ist der Faktor *Wissen*.

Hinzu kommt, dass Non-Profit-Organisationen oft auch ein wenig professioneller betriebswirtschaftlicher Umgang bzw. das Fehlen eines professionellen Managements unterstellt wird. Auch unter diesem Aspekt sind Non-Profit-Organisationen mehr und mehr gefordert, ihre Strukturen zu überdenken und zu professionalisieren. Horak und Heimerl (vgl. 2007: 167ff.) beschreiben die nachfolgenden Gründe für einen Professionalisierungszwang:

- Zunehmender Rechtfertigungsdruck gegenüber Unterstützern und damit verbundene zusätzliche Nachfrage nach Informationen
- Zunehmender Zeitdruck bei Entscheidungen, ausgelöst durch moderne Kommunikationsmöglichkeiten
- Knappere Mittel und Rückzug der öffentlichen Hand zwingen Non-Profit-Organisationen, vielfältigere Aufgaben abzudecken. Leistungsdruck und finanzieller Druck nehmen zu
- Schwierige Personalsituation, Abhängigkeit von Mitarbeitenden
- Rasche technologische Entwicklung (Informationstechnologie)
- Der Wertewandel betrifft vor allem soziale und karitative Non-Profit-Organisationen und zeigt sich im Spendenverhalten und in der mangelnden Bereitschaft, ehrenamtliche Leistungen zu erbringen
- Veränderung der Finanzierungsstruktur zwingt Non-Profit-Organisationen zu einem Finanzierungsmix
- Komplexe Beziehungen zu den Anspruchsgruppen mit sehr unterschiedlichen Bedürfnissen erschweren es, allen Ansprüchen gerecht zu werden
- Zunehmende Krisenanfälligkeit, weil sich Non-Profit-Organisationen in Wettbewerbssituationen bewähren müssen; Einsatz von Kommunikationsinstrumenten, um potenzielle Krisen rechtzeitig zu identifizieren

- Bereichsübergreifende Kommunikation, zum Beispiel mit Angehörigen der Wirtschaft und der Politik sowie die Fähigkeit zu Kooperationen mit anderen Organisationen als Grundkompetenzen
- Qualitative und quantitative Informationen sind die entscheidende Basis für Non-Profit-Organisationen für rasches Handeln

Ein möglicher Weg, dieses Dilemma zu lösen wäre es zu identifizieren, welches die Hebel bzw. Erfolgsfaktoren sind, die das Erreichen von Spitzenleistungen sowie der Stärke des Unternehmens fördern. Unter diesem Aspekt ist die Fähigkeit, den vorhandenen Bestand (für die vorliegende Untersuchung: das Wissen) angemessen anzuwenden, einer der Faktoren. Entsprechend wird in den nachfolgenden Kapiteln der Fokus auf das Wissen gelenkt.

2.5.1 Die Rolle der Ehrenamtlichen

Nach Eckardstein (2007: 273) bedeutet ehrenamtliche Arbeit „eine Tätigkeit ihrer selbst, in anderen Fällen um der Ehre willen, also vor allem wegen der Außenwirkung" willen. Somit erübrigt sich die „üblich" zugeschriebene Funktion der „Mitarbeitermotivation", da die Mitarbeit bereits aus sich selbst heraus motiviert ist. Dadurch entfällt der Aspekt, dass sich die Mitarbeitenden nur aufgrund des Arbeitsentgeltes motiviert bzw. für ihre Aufgabe angesprochen fühlen. Andererseits ist hierdurch auch die Möglichkeit der Verhaltensänderung durch fehlenden Anreiz bzw. Angebot von Geld hinfällig. Es obliegt den ehrenamtlich Mitarbeitenden selbst, inwieweit, in welcher Form und für welchen Zeitraum sie sich für eine Non-Profit-Organisation engagieren. So ergaben aktuelle empirische Forschungen, dass vor allem der Wunsch nach sinnvoller Freizeitnutzung, Kontaktbedürfnisse, Sammeln von Erfahrungen und Lernen die wichtigsten Motive für ehrenamtliches Engagement sind. Ehrenamtliche Arbeit wird darüber hinaus nicht zwangsläufig aus altruistischen Beweggründen geleistet, es können verschiedenartige Beweggründe vorliegen (vgl. Eckardstein 2007: 274ff.).

Neueste Untersuchungen ergeben weiter, dass auch die *Qualifikation* der Ehrenamtlichen, im Besonderen von jungen Leuten, immer wichtiger wird. Hierbei ist das Interesse an der Qualifizierung durch ehrenamtliches Engagement besonders stark ausgeprägt, vor allem im Sinne des beruflichen Nutzens und der Weiterentwicklung. Gleichzeitig stellt dies aber keinen Widerspruch zum grundsätzlichen Bedürfnis dar, etwas für das Gemeinwohl und für andere Menschen tun zu wollen. Vielmehr handelt es sich um einen Reflex auf die zunehmende Verdichtung der jugendlichen Bildungs- und

Ausbildungsphase, die oft mit einer Überfrachtung mit immer höheren Anforderungen einhergeht. Dies hat vor allem auch zeitliche Konsequenzen für die jungen Leute insofern, dass sie ihr angespanntes Zeitbudget auch in Bezug auf die Zivilgesellschaft effektiv einsetzen wollen, und das geht am besten, wenn sich Engagement und Qualifikation verbinden lassen (vgl. Freiwilligensurvey 2010: 13). Dies ist mit Blick auf die Forschungs-frage kein unerheblicher Aspekt. Denn gerade die Heranziehung der Qualifikation der einzelnen Mitarbeitenden und deren Willen zum Engagement machen die Umsetzung der Organisationsziele möglich.

Die Verschmelzung beider Felder: die Arbeit der hauptamtlich sowie der ehrenamtlich Mitarbeitenden ist somit erforderlich für eine effektive Synthese der Arbeit in einer Non-Profit-Organisation. Im Besonderen, bezogen auf die Vision und Ziele einer jeden Organisation, sind Ehrenamtliche gewillt, Zeit und Fähigkeit anzubieten. Denn sie hätten sich nicht als Ehrenamtliche angeboten, wenn materielle Vergütung im Vordergrund stehen würde. Die Organisation dieser Ehrenamtlichen, mit Berücksichtigung derer Qualifikationen und Zeit stellt gerade für das Management einer Non-Profit-Organisation eine besondere Herausforderung dar (vgl. Wu und Shyu 2011: 612).

Weiter sind Menschen zwar die wertvollste Ressource von Non-Profit-Organisationen, gleichzeitig aber aufgrund der Heterogenität sehr schwer zu kontrollieren. Darüber hinaus bekommen Ehrenamtliche keine Gehälter, und die Organisation setzt sie normalerweise entsprechend Bedarf und nötiger Qualifikation ein. Aus dem Grund werden sie nicht wie Hauptamtliche registriert, jedoch wie „fließendes" Personal (vgl. ebenda).

Definition Ehrenamt

Ein Ehrenamt, im ursprünglichen Sinn, ist ein ehrenvolles und freiwilliges öffentliches Amt, das nicht auf Entgelt ausgerichtet ist. Man leistet es für eine bestimmte Dauer regelmäßig im Rahmen von Vereinigungen, Initiativen oder Institutionen und kann in einigen Fällen dazu verpflichtet werden. Es kursieren diverse Begrifflichkeiten, die synonym für „Ehrenamt" verwendet werden, wie zum Beispiel „Freiwilligenarbeit" oder „Bürger-schaftliches Engagement". Im Jahr 2009 wählten Engagierte am häufigsten den Begriff „Freiwilligenarbeit", um ihre Tätigkeit zu charakterisieren. Die zweitpopulärste Begrifflich-keit ist das „Ehrenamt". Dennoch steht der Vorrang der Freiwilligenarbeit in Umfragen im Gegensatz zur Praxis, in der sich die meisten Engagierten ganz selbstverständlich als Ehrenamtliche bezeichnen. Diese Begriffsverwendung geht allerdings vor allem auf die begriffliche Abgrenzung gegenüber den Hauptamtlichen zurück, die bezahlt tätig sind (vgl. Freiwilligensurvey 2010: 14). In Deutschland ist der Begriff „Ehrenamt" gebräuchlich, während in Österreich eher der Begriff „Funktionäre" Verwendung findet (vgl. Schwarz 2001: 23).

Freiwillige Helfer sind „im Bereich der Ausführung, im Erbringen von Dienstleistungen engagiert. Sie sind an der konkreten Umsetzung – neben den professionellen Mitarbeitenden – der Beschlüsse beteiligt. Sie leisten (als Laien) ehrenamtliche Arbeit, tun also etwas ausserhalb [sic] ihrer täglichen (beruflichen) Beschäftigung, grundsätzlich in ihrer Freizeit, die sie aber eben für Dritte (Klienten) oder eine Sache (z. B. Sportveranstaltungen) einsetzen" (Schwarz et al. 2009: 263).

Im vorliegenden Kontext wird ausschließlich der Begriff „Ehrenamt" verwendet, da er am gebräuchlichsten ist und somit am ehesten der allgemeinen Verständlichkeit dient.

2.5.2 Self-Management

Als ein besonderes Merkmal von Non-Profit-Organisationen stellt sich die Tatsache heraus, dass der Erfolg einer Organisation zum einen abhängig ist von dessen Haupt-Mitarbeitenden, ebenso aber auch von den Ehrenamtlichen, die oft eine sehr kritische Rolle im Organisationsprozess spielen: Sie stellen eines der Kernelemente einer Non-Profit-Organisation dar. Ehrenamtliche ermöglichen der Organisation die Implementierung der Zielsetzung, indem sie sich freiwillig und eigenständig als helfende Hand zur Verfügung stellen. Das Konzept des Self-Managements basiert auf einer sozial-kognitiven Theorie und betont den hohen Grad an Eigenständigkeit und Dezentralisation (vgl. Wu und Shyu 2011: 617).

Weiter betonen Wu und Shyu (vgl. 2011: 611f.) in ihrer Studie unter anderem auch die Rolle der Führungskräfte einer Non-Profit-Organisation, indem sie den Aspekt "Delegation" näher berücksichtigen, um so einen Beitrag für das Organisationsgefüge zu leisten: „If the managers try to do everything by themselves, they will then negate the most significant autonomous management of their personnel as well as the flexibility of the organization" (Wu und Shyu 2011: 612). Die Eigenverantwortung der Mitarbeitenden kennzeichnet das so genannte „Self-Management". Dieses Self-Management erkennt die Rolle im Team-Work an, welche unnötige Kommunikation, Koordination, Korrektur und Überwachung verhindert. Darüber hinaus würden beispielsweise überflüssige Managementkosten reduziert, die Wertschätzung seitens des Organisationsumfeldes/des Kunden, wie auch des Personals, gefördert (vgl. ebenda).

Wu und Shyu (vgl. zitiert nach Jones and Svejnar[2], 1982, 2011: 613) führen weiter aus, dass Self-Management an der Stelle partizipatives Management wird, bei dem das Self-Management eine bedeutende Rolle bei der Befugnis und Verantwortung, bezogen auf die Arbeit, jedoch weniger Kontrolle über strategische Entscheidungen spielt. Werden diese Ansätze dem Management der Ehrenamtlichen vermittelt, stellt dies ein einschlägiges und sicher wirksames Management dar.

Weiter konnte in dieser Studie bestätigt werden, dass Ehrenamtliche nach Gelegenheiten zur Förderung der Selbstverwirklichung suchen, was für das Management bzw. die Geschäftsführung einer Non-Profit-Organisation ein wesentlicher Aspekt ist. Ein offenes und respektvolles Arbeitsumfeld bietet den Ehrenamtlichen die Chance der Weiterentwicklung. Manager sollten, so Wu und Shyu (vgl. 2011: 618f.) weiter, nicht davon ausgehen, dass Ehrenamtliche sich ausschließlich für ein paar Stunden pro Monat zur Verfügung stellen wollen und Rückschlüsse auf deren Kondition bzw. Verfügbarkeit ziehen. Vielmehr engagieren sich Ehrenamtliche mit einer Berufung bzw. Mission; sie wollen nicht wie Normalarbeitende in Unternehmen wahrgenommen werden.

Verschaffte sich das Management einer Organisation einen Überblick über die Mitarbeitenden inklusive der Ehrenamtlichen mit Blick auf deren Qualifikation, so ließen sie sich entsprechend der organisatorischen Zielsetzung in die Organisationsarbeit einbinden und steuern. Dies ist hinsichtlich des Forschungsansatzes ein Aspekt, der für die einfachere Umsetzung der Integrierten Kommunikation in Non-Profit-Organisationen sprechen würde. Die Schwierigkeit „Kompetenzüberschreitung" bzw. „Nicht-Akzeptanz der jeweils anderen Abteilung" scheint hier in dem Maße nicht gegeben zu sein, da alle Ehrenamtlichen als Fachkräfte in ihrem Gebiet auftreten und sich einbringen wollen.

Weiter führen Wu und Shyu (vgl. 2011: 618f.) aus, dass Managende einer Non-Profit-Organisation Ehrenamtliche ermächtigen sollten, mit der Organisation zu kooperieren; Ehrenamtliche sollten eigenständig und unabhängig arbeiten und die Möglichkeit haben selbst zu bestimmen, wie die ihnen übertragene Aufgabe und somit die Ziele der Organisation optimal erreicht werden können. Es wird empfohlen, dass Managende ihre traditionellen Managementmethoden meiden sollten. Es ist richtig, dass sie bei strategischen Entscheidungen im Vordergrund stehen, Ehrenamtliche sind jedoch die Ausführenden und könnten an dem Entscheidungsfindungsprozess teilhaben.

Mit Blick auf die Dezentralität und Steuerung der Mitarbeitenden zeigen die neuesten Entwicklungen darüber hinaus, dass die Verteilung von Wissen und Aufgaben immer

---

[2] Das Original des Buches war für die Verfasserin nicht greifbar.

einfacher wird. Die Nutzung der elektronischen Medien und die damit verbundene Flexibilität wird immer mehr für die Veränderung von Unternehmensstrukturen genutzt. Klassische Grenzen der Unternehmungen verschwimmen, verändern sich oder lösen sich auf und werden durch dezentrale Gebilde ersetzt. Deren Kennzeichen sind Autonomie, Kooperation und indirekte Führung (vgl. Stabenow und Stabenow 2010: 12).

Weitere Bedeutung kommt die Rolle der Führungskräfte zu: Gerade auf räumlicher Distanz haben Führungskräfte bei den für sie tätigen Mitarbeitenden mit vielen Variablen umzugehen, was einen ständigen Abgleich miteinander erfordert. Stabenow und Stabenow (vgl. 2010: 19) führen Kriterien vor Augen, mit welchen sich Führungskräfte auseinandersetzen sollten. Es wurde unterstrichen, dass es sich begünstigend auswirkt, wenn eine Führungskraft loslassen, Ungewissheiten aushalten und Vertrauen in die Mitarbeitenden entwickeln kann:

- Persönliche Eigenschaften
- Vorerfahrungen als Mitarbeitende
- Qualifikationen
- Rollenverständnis
- Wertvorstellungen
- Zielvorstellungen

Die Berücksichtigung der aufgeführten Komponenten zur rechten Zeit, mit Blick auf den Standort stellen für Managende eine besondere Herausforderung dar. Gleichzeitig führen Stabenow und Stabenow (vgl. 2010: 19) aus, dass die Dezentralität zwei gravierende Folgen für die Zusammenarbeit hat und die Zunahme von Unsicherheit begünstigt:

- Mitarbeitende sind in ihrer Arbeit weitgehend auf sich alleine gestellt.
- Die Führungskraft hat nur begrenzte Möglichkeiten, direkt und persönlich auf Arbeitsorganisation, Arbeitsdurchführung und Arbeitseinstellung Einfluss zu nehmen.

Des Weiteren wird festgestellt, dass das Führen über Ziele, mit Blick auf die dezentrale Mitarbeitendenführung, den Nachteil hat, dass bei ungenauer Kommunikation der Ziele die persönlichen Ziele der Mitarbeitenden Einfluss auf die Arbeit nehmen können, also der jeweils eigene Interpretationsspielraum genutzt wird. Außerdem können bei der Bestimmung von Aufgaben statt einer Zielformulierung die zu engen Vorgaben ein örtlich und situativ adäquates Handeln behindern (vgl. Stabenow und Stabenow 2010: 58).

Auf der anderen Seite kristallisierten die Autoren auch Vorteile des Führens auf Distanz heraus (vgl. ebenda):

- Die Entscheidungs- und Handlungsspielräume der Mitarbeitenden werden erweitert, die eine wichtige Voraussetzung für die dezentrale Zusammenarbeit zwischen ihnen und der Führungskraft sind.

- Die Selbststeuerung der Mitarbeitenden wird erhöht – worauf letztlich der Erfolg einer virtuellen Zusammenarbeit und somit auch einer Führung auf Distanz beruht.

- Die erlebte Autonomie stützt die Mitarbeitenden in ihrem Gefühl der Selbstwirksamkeit und erhöht die Bereitschaft, Verantwortung zu übernehmen.

- Die richtungs- und arbeitslenkende Wirkung von Zielen leistet den direkten Führungsbedarf und entlastet somit die Führungskraft.

Dies bedeutet jedoch nicht, dass die Mitarbeitenden mit ihren Aufgaben alleingelassen werden sollen. Die Rede ist eher von regelmäßig stattfindenden Zwischenzielformulierungen sowie Rücksprachen bezüglich des weiteren Vorgehens oder auch Leistungsbewertungen. Hierzu sind nach Stabenow und Stabenow (vgl. 2010: 59) kontinuierliche Rückmeldungen notwendig, denn ihnen wird neben der informativen auch eine motivierende Funktion zugeschrieben. Die Reflexion zielrelevanter Vorkommnisse sowie die daraufhin einzuleitenden Maßnahmen hätten Raum für Schilderung und gemeinsamer Interpretation. Durch diese Form der Rückmeldung wird nicht nur die Kommunikation vertieft, es wird auch die Beziehung untereinander gestärkt. Fest terminierte Besprechungen ermöglichen eine Vorbereitung auf die Themen, um auch für sich selbst daraufhin eine Zwischenbilanz über die Selbstorganisation, das daraus resultierende Arbeitsverhalten und die Leistungsausrichtung zu erstellen, was auch mit der Prägung des Begriff „Selbstwirksamkeit" reflektiert wird.

> *„Darunter wird die individuell unterschiedlich ausgeprägte Überzeugung verstanden, in einer bestimmten Situation die angemessene Leistung erbringen zu können. Das Gefühl bezieht sich auf die subjektive Einschätzung der eigenen Fähigkeiten. Es beeinflusst die Wahrnehmung, die Motivation und Leistung."* (Stabenow und Stabenow 2010: 171)

Die Zerstreuung der Mitarbeitenden ist vor dem Hintergrund dieser Arbeit ein besonderer Aspekt. Die Motivation der Mitarbeitenden einer Non-Profit-Organisation und der Drang nach Selbstverwirklichung sowie Bestätigung birgt ein Potenzial für die Organisation. Sie engagieren sich autark, was eine Steuerung und ständige Rückkopplung notwendig macht.

> *"Self-Organisation is a distributed learning process that depends on trial and error communications to produce a viable organisational system from multiple unrelated parts."* (Espejo und Bendek 2011: 481)

In demokratischen Unternehmen wird man sich mehr und mehr bewusst über die unerwünschten Konsequenzen von Hierarchien (vgl. ebenda). Die Ermöglichung einer effektiven Selbstregulierung und Selbstorganisation ist erstrebenswert und bietet einen Ausweg aus Hierarchien durch die zielgerichtete Ausrichtung der selbstständigen Einheiten auf ihre Interessen mit denen der globalen Gesellschaft.

Ein Verbandsmanager sollte somit möglichst alles tun, dass sich die Mitarbeitenden innerhalb dieser Grenzen möglichst frei bewegen können. Aus diesen Faktoren entsteht eine hohe Identifikation sowie stärkeres Verantwortungsbewusstsein des Einzelnen gegenüber der Organisation (vgl. Roitner 2006: 62).

Gerade für Ehrenamtliche, die sich motvgeleitet und hochgradig mit der Organisation identifizierend für Ihre Überzeugungen engagieren, dürfte die Übertragung von Verantwortlichkeiten kein Problem darstellen. Zumal sie sich aus der Organisationsnatur heraus bereits „völlig frei" bewegen.

2.5.3 Ressourcen-Management

Jede Non-Profit-Organisation muss sich genau überlegen, wie sie Ressourcen im Input-bzw. Innenbereich beschaffen kann. Letztendlich liegen darin die Potenziale (die Mittel/Instrumente) zur optimalen Aufgabenerfüllung einer Non-Profit-Organisation. Um einen betriebswirtschaftlichen Begriff zu bemühen, ist in einer Non-Profit-Organisation im Besonderen der Mensch ein „Produktionsfaktor", welcher sich mit den Finanzmitteln zu den „Betriebsmitteln" im betriebswirtschaftlichen Sinn gesellt (vgl. Schwarz et al. 2009: 245).

Tabelle 2: Ressourcen-Management, Elemente und Ziele
Quelle: eigene Darstellung nach Schwarz et al. 2009: 245

	Ressourcen (Beschaffungsbereich)			
	Human Ressources	**Betriebsmittel**		**Kooperationen**
		Finanzmittel	**Sachmittel**	

Elemente	- Mitglieder
	- Milizer[3]
	  - inOrganen
	  - in Ausschüssen
	- freiwillige Helfer
	- Mitarbeitende
		- Beiträge
		- Preise
		- Gebühren
		- Spenden
		- Subventionen
		- Leistungsentgelte
			- Informatik (Hard- und Software)
			- administrative Hilfsmittel
			- Infrastruktur (Bauten, Anlagen)
				- Dach-/Spitzenverbände
				- Arbeitsgemeinschaften
				- kooperative Betriebe

---

[3] Unter Milizer oder Milizarbeit wird die freiwillige Mitwirkung bei der Erfüllung der NPO-Führungsaufgaben verstanden, was sich von der ehrenamtlichen Arbeit zur Erfüllung des NPO-Zwecks unterscheidet (vgl. Schwarz et al. 2009: 251).

	Ressourcen (Beschaffungsbereich)			
	Human Ressources	Betriebsmittel		Kooperationen
		Finanzmittel	Sachmittel	
Ziele	Durch bedürfnisgerechte Anreize Menschen in der von den NPO benötigten Qualität und Quantität zur - Teilnahme (Beitritt) - Mitwirkung in den festgelegten Aufgabenfeldern motivieren	Die für die „Entschädigung" der benötigten und eingesetzten Ressoucen erforderlichen Geldmittel bei Mitgliedern und auf Märkten beschaffen und effizient verwalten	Die für die Aufgabenerfüllung erforderlichen Realobjekte kostengünstig beschaffen, effizient einsetzen und unterhalten.	In Zusammenarbeit mit anderen NPOs gleiche Interessen und Teilaufgaben in gemeinsam getragenen Institutionen effektiver und effizienter bearbeiten

Welche Komponenten bzw. Elemente das Ressourcen-Management bestimmen, soll Tabelle 2 aufzeigen. Ergänzt wird die Aufstellung um die Zielsetzung der jeweiligen Ressourcen-Bereiche einer Non-Profit-Organisation (vgl. Schwarz et. al. 2009: 244f.). Auch damit soll das Potenzial Mitarbeitender und die Schärfung der Arbeitsprofile unterstrichen sowie der Blick auf z. B. die Ehrenamtlichen gerichtet werden. Bei der Ressourcen-Beschaffung wird den Fragen nachgegangen: W*ann* braucht das Unternehmen *welche Ressource* in *welcher Qualität und Quantität* für *welche zeitliche Dauer*, um die gestellte Aufgabe erfüllen zu können. Es wird also der Bedarf und die Erwartung genau definiert, um somit den Markt oder die vorhanden Ressourcen nach vorhandenen Potenzialen durchsuchen zu können. Im Vorfeld erfolgt hierfür eine klare Definition der als Ressourcen bezeichneten „Fähigkeiten" durch interne Recherche und Entwicklung (vgl. ebenda).

Dieser Ansatz ist mit Blick auf die vorliegende Untersuchung deshalb von Bedeutung, da hier im Grunde von einer Schärfung des Personaleinsatzes die Rede ist. Die genaue Analyse sämtlicher Mitarbeitenden hebt Potenzial-Wissen über die zur Verfügung stehenden Qualifikationen bis hin zu Hinweisen über die Motivationsfaktoren der Helfenden. Dieses Wissen ist für die Umsetzung der Organisationsziele von Bedeutung und kann bei entsprechender Steuerung der Mitarbeitenden zum einen mit Blick auf Effizienz und Selbstverwirklichungsansatz genutzt werden, zum anderen mit entsprechender Qualifikation für die Kommunikationsarbeit der Organisation.

2.5.4 Potenzial-Wissen

In der wissenschaftlichen Literatur werden immer häufiger die so genannten Wissens-managementsysteme behandelt. Die systematisch zueinander in Verbindung gesetzten Elemente wie Wissensgenerierung, Wissensspeicherung, Wissenstransfer und Wissens-anwendung bilden die Bausteine eines solchen Systems (vgl. Andeßner 2004: 176ff.).

Die zentrale Aufgabe des Wissensmanagements besteht darin, individuelles und kollektives Wissen in organisationales Wissen und letztlich in Stakeholdernutzen umzuwandeln (Andeßner 2004: 180). Lettieri, Borga und Savoldelli (2004: 16) ergänzen diesen Ansatz: „The creation of an organizational culture that promotes knowledge gene-ration, sharing and exploitation seems to be a necessary premise in order to create NPOs that are innovative, flexible, effective and efficient."

Um Informationen und Erfahrungen als Wissen zu verwerten, muss zunächst einmal Klar-heit darüber geschaffen werden, wer etwas weiß, um das Wissen letztendlich vollends erschließen zu können. Experten schätzen, dass mehr als die Hälfte des verfügbaren Wissens nicht genutzt wird (vgl. Mast 2010: 417). Dies unterstreicht den dieser Untersuchung zugrunde liegenden Ansatz, dass die Nutzung des vorhandenen Wissens eine Voraussetzung für die effiziente, innovative, flexible und effektive Arbeit einer Non-Profit-Organisation ist. Um eine schlüssige Kommunikationsarbeit leisten zu können, ist das Wissen um die Qualifikationen der Mitarbeitenden sowie der Weiterentwicklungs-drang von Bedeutung. Die Analyse des vorhandenen Potenzial-Wissens und die Steuerung dessen birgt Kompetenzen auf dem Weg zur Professionalisierung der Kommunikationsarbeit, insbesondere in der Umsetzung der Integrierten Kommunikation.

2.5.4.1 Knowledge-Management

Non-Profit-Organisationen sind wissensintensive Organisationen, deren Wissens-Kapital sehr heterogen ist. Wegen der beachtlichen Fluktuation und der ehrenamtlich Mitarbei-tenden ist das Wissens-Kapital umfassend, kaum formalisiert und instabil. Somit ist die Bildung einer einzigartigen Wissensbasis, die formalisiert und von allen Mitgliedern anwendbar ist, ein Ansatz für Non-Profit-Organisationen. Ebenso machen es die unter-schiedlichen Interessen der heterogenen Mitarbeitenden schwierig, effektiv und kosten-sparend zu interagieren und sich untereinander von Nutzen zu sein (vgl. Andeßner 2004: 177f.).

Bezogen auf das so genannte Knowledge-Management (KM) ist das *Wissen* jedes einzelnen Mitarbeitenden einer Non-Profit-Organisation Hauptaugenmerk der Forschung, durch das diese in der Lage ist, jede einzelne Aktion zu selektieren und in Folge dessen nach außen zu reagieren. Geprägt ist das Wissen durch die Kultur und Geisteshaltung eines jeden Mitarbeitenden sowie deren Wertevorstellungen (vgl. Andeßner 2004: 177).

Erst der nächste Schritt setzt auf den *Prozess* des Knowledge-Managements, was die dynamische Ansammlung des vorhandenen Wissens bedeutet. Andeßner (vgl. ebenda) spricht von vorhandenem implizitem Wissen, der Gewinnung neuen Wissens über individuelle und kollektive Lernprozesse sowie die Beschaffung externen Wissens außerhalb der Non-Profit-Organisation. Hier ist die Rede von aufgebautem Wissen infolge wachsender Prozesse, in welcher die Information durch Erinnerungen aufgebaut wurde. Zum einen durch die individuellen Erinnerungen, zum anderen durch Erinnerungen bezogen auf die Organisation. Des Weiteren wird auch die Bedeutung der Pflege der informellen Beziehungen innerhalb der Organisation hervorgehoben, welche das Wissen erst verstärkt und fördert. Erst durch diese Streuung steht dieses Wissen den Mitarbeitenden zur Verfügung (vgl. Lettieri, Borga und Savoldelli 2004: 19).

Anhand dieser Basisausrichtung untersuchten Lettieri, Borga und Savoldelli (vgl. ebenda) Non-Profit-Organisationen aus der sozialen Branche und kristallierten Stärken, Schwächen sowie Charakteristiken heraus, um dieses Modell, welches in For-Profit-Organisationen bereits etabliert ist, am Beispiel des italienischen Marktes für Non-Profit-Organisationen anwendbar zu machen. Diese lässt sich auch auf Non-Profit-Organisationen des deutschen Marktes anwenden, da die Berührungpunkte der Organisationen gleich sind. Die nachfolgend genannten drei Säulen wurden für die Untersuchung zu Hilfe genommen (vgl. Lettieri, Borga und Savoldelli 2004: 21):

(1) Ein Modell, welches erklärt, wie Non-Profit-Organisationen Spitzenleistungen verfolgen und wie eine adäquate Strategie für Knowledge-Management zu dieser Herausforderung einen Beitrag leisten kann.

(2) Ein Modell, welches die Hauptphasen des Knowledge-Management-Prozesses im Non-Profit-Sektor formuliert, zwecks Erstellung einer Übersicht über interne und externe Faktoren, welche diesen Prozess beeinflussen können, und

(3) ein Raster, welches das Wissen einer Non-Profit-Organisation klassifiziert, um die Hauptcharakteristiken des vorhandenen Wissens herauszukristallisieren.

Diese Untersuchung stellte die nachfolgenden Vorteile des Knowledge-Managements in Non-Profit-Organisationen heraus (vgl. ebenda):

- Ein bedeutender „Klebe-"Effekt der Mitglieder der bedarfsgetriebenen Gemeinschaft – ein einzigartiges und brauchbares Wissen auf Seiten der Agierenden und der steigenden Identifikation und des Bewusstseins über die Zielsetzung der Non-Profit-Organisation.

- Ein mächtiges Potenzial der Bildung sozialer Werte, von der Fähigkeit, sämtliche Erfahrungen aus den vergangenen Jahren in die Praxis zu übersetzen.

- Einen höhere operative und bereitgestellte Effizienz, aufgrund des tieferen Verständnisses darüber, wie eine Non-Profit-Organisation und der Prozess funktioniert, sowie die Frage welcher Kapazitätslevel erreicht werden könnte.

- Eine verbesserte Fähigkeit zur Aufrechterhaltung der mittel- und langfristigen Bindung zwischen der Vision und der kurzfristigen Pläne.

- Verbesserte Fähigkeit die bedarfsgetriebene Gemeinschaft zu managen und zu vergrößern, durch die Weiterverfolgung der Verbindung zwischen *erforderlicher* Qualifikation/*erforderlichem* Wissen und *verfügbarer* Qualifikation/*verfügbarem* Wissen und dem daraus resultierenden Setzen von realistischen Entwicklungsplänen.

Klar ist durch die Forschung auch, dass ein solcher Prozess, in dem Wissen von einer einzelnen Person zu einer ganzen Gemeinschaft fließt, nicht spontan umgesetzt werden kann. Dennoch lassen sich nach Prüfung der hierzu zur Verfügung stehenden Literatur sieben Schritte herauskristallisieren, die für diesen Knowledge-Management-Prozess notwendig sind.

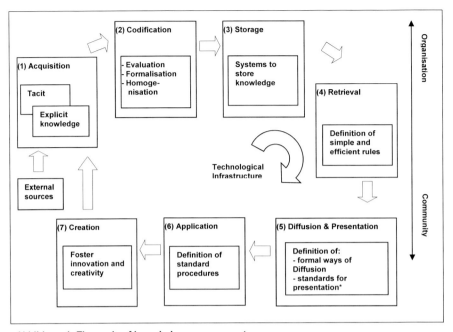

Abbildung 1: The cycle of knowledge management
Quelle: Eigene Darstellung nach Lettieri, Borga und Savoldelli 2004: 22

* <u>Anmerkung zu Position (5) des Schaubildes</u>:
  Diese Position wurde mit Hilfe von Domenico Sciurti aus dem Italienischen ins Englische übersetzt sowie
  um ein fehlendes Wort ergänzt.
  Original: „ - definizione die canali formali per la distribuzione
          - standardizzazione dei formati di" [sic]

Dieser Kreislauf macht deutlich, dass es zunächst von Bedeutung ist, Wissen (seien es tagtägliche Erfahrungen oder externe Informationen einzelner Mitarbeitenden oder Gruppen) zu erfassen **(1)**. In einem nächsten Schritt **(2)** sollten diese Erkenntnisse codiert werden. Hierzu wird genauestens festgehalten, welche Mitarbeitenden in der Organisation mit welchen Qualifikationen oder mit welchem Wissen ausgestattet sind, um es der Gemeinschaft, mittels Schritt **(3)** zugänglich machen zu können. Sämtliche Erkenntnisse werden so simpel und präzise wie möglich archiviert (z. B. mittels Datenbank, Archiv, Handbuch), um es je nach Bedarf, einfach zugänglich **(4)**, zum einen in die Gemeinschaft zu streuen und zum anderen auch abrufen zu können. Hierzu seien die unterschiedlichen Agierenden einer Organisation erwähnt, weswegen ein simpler Zugang und einfache Wege der Präsentation erforderlich ist **(5)**. Die Rede ist von den heterogenen Mitarbeitenden, angefangen bei den Ehrenamtlichen bis hin zur Geschäftsführung, von Führungskraft bis zum Sponsoring, um nur Beispiele zu nennen. Gerade die Vielzahl der

Agierenden in einer Non-Profit-Organisation machen deutlich, dass Flexibilität ein weiteres wichtiges Charakteristikum des Knowledge-Managements für Non-Profit-Organisationen ist.

Nachdem dieses Wissen bereitgestellt wurde (6), wird weiteres Wissen durch weitere Erfahrungen, neue Ideen und Interaktionen angesammelt, was wiederum dazu führt, neues Wissen (7) aufzubauen. So wird der laufende Prozess vorangetrieben, und beginnt wieder von vorne, als ständiger zyklischer und sich aufbauender Kreislauf.

Doch welche Faktoren beeinflussen das Knowledge-Management im Non-Profit-Sektor? Dieser Frage sind die Autoren Lettieri, Borga und Savoldelli (vgl. 2004: 28ff.) auf den Grund gegangen. Die Ergebnisse werden in Tabelle 3 dargestellt. In der Studie wurden Non-Profit-Organisationen untersucht und dahingehend überprüft, ob und in wie weit sechs im Vorfeld definierte Faktoren Einfluss auf das Knowledge-Management haben.

Tabelle 3: Einflussfaktoren des Knowledge-Managements
Quelle: Eigene Darstellung nach Lettieri, Borga und Savoldelli 2004: 28ff.

	Faktor	Beschreibung	Einfluss Ja (J)/ Nein (N)
(1)	Position im Lebenszyklus	Lebensphasen: 1) Gründung/Einführung 2) Wachstum 3) Laufzeit 4) (selten) Rückgang/Fall	N
(2)	Wertevorstellung	- ethische oder kulturelle Herkünfte und Denkweisen - historisch-soziale Rahmenbedingungen	J
(3)	Juristischer Status und Aufgabenstellung	- Definition von Grenzen und Möglichkeiten	J
(4)	Hierarchische Netzwerkstruktur und Level der Autonomität	- Level an Eigenständigkeit - zentrale/dezentrale Organisations-struktur	J
(5)	Background Verwaltungsrat und Durchschnittsalter der Führungskräfte	- Rückgriff auf Erfahrung aus For-Profit-Sektor	J
(6)	Durchschnittsalter der Führungskräfte und Fluktuation	- Einstellung zu Veränderungen	J

Herausgestellt hat es sich dabei, dass die Position im Lebenszyklus (1) nicht wirklich entscheidend für das Alter der Organisation ist. Eher besteht ein Bezug auf den Umgang mit dem Management und den Arbeitsabläufen einer Organisation. „The more mature an organization is, the more aware it seems to be of KM issues and more favorable to the introduction of ad-hoc procedures for KM" (Lettieri, Borga und Savoldelli 2004: 28). Eine mögliche Erklärung hierfür ist es wohl, dass sich jüngere Non-Profit-Organisationen mehr auf die Errichtung einer engagierten bedarfsgerechten Gemeinschaft konzentrieren. Erst nachdem die Wertevorstellungen bezogen auf die Mission etabliert wurden, bekommt das Lösen von Management-Angelegenheiten eine Bedeutung, im Sinne eines effizienteren Gebrauchs von Ressourcen – wie Wissen.

Weiter sind der Studie (vgl. Lettieri, Borga und Savoldelli 2004: 28f.) zufolge Non-Profit-Organisationen durch ethische oder kulturelle Herkünfte und Denkweisen **(2)** beeinflusst, im Besonderen durch die historisch-sozialen Rahmenbedingungen, in welchen sie agieren. Diese „Wurzeln" beeinflussen den KM-Prozess.

Der juristische Status **(3)** definiert die Grenzen der Möglichkeiten insofern, als das dieser in der Konsequenz die Sensibilität des Verwaltungsrats, bezogen auf KM-Angelegenheiten, beeinflusst. Non-Profit-Organisationen, welche näher am Kontext von For-Profit-Organisationen arbeiten (z. B. soziale Kooperationen) scheinen besser positioniert zu sein, um eine spezifische KM-Strategie zu entwickeln, als jene Organisationen, die im Kontext weiter entfernt von den Regeln des typischen For-Profit-Sektors agieren, z. B. ehrenamtliche Verbände (vgl. Lettieri, Borga und Savoldelli 2004: 28f.).

KM hängt des Weiteren von der internen Netzwerkstruktur **(4)** der Branche ab. Non-Profit-Organisationen mit einem niedrigen Level an Eigenständigkeit, mit einer zentralen Machtstruktur, wo werteorientierte Aktivitäten direkt vom Hauptstandort gesteuert werden, sind weniger interessiert an KM-Angelegenheiten. Hingegen sind Organisationen mit mehreren Filialen, mit einem hohen Level an Eigenständigkeit, wesentlich interessierter an KM, vor allem im Austausch von Praxiserfahrung. Sie sind sensibler im Umgang mit effektiverer und effizienterer Kommunikation (vgl. Lettieri, Borga und Savoldelli 2004: 28f.).

KM-Methoden sind in Non-Profit-Organisationen mit Managenden kommend aus dem For-Profit-Sektor gebräuchlicher als bei anderen. Dies ist vermutlich bedingt durch die größere Erfahrung **(5)** dieser Führungskräfte in diesen Angelegenheiten. Gleichzeitig aber liegt hier auch die Vermutung, dass die Lösung aus dem For-Profit-Sektor kommt (vgl. ebenda).

Das Durchschnittsalter und die Fluktuation **(6)** beeinflussen hauptsächlich die Einstellung zur Änderung einer Non-Profit-Organisation. Die Einführung von KM-Lösungen ist schwieriger, wenn das Alter der Führungskräfte höher ist bzw. deren Angehörigkeit zur Organisation. Besonders dann, wenn Änderungen von Arbeitsabläufen relevant sind oder eine neue IT-Infrastruktur erforderlich ist (vgl. Lettieri, Borga und Savoldelli 2004: 28f.).

„Wer Betroffene zu Beteiligten am Prozess macht, fördert deren Motivation, Wissen weiterzugeben" (Mast 2010: 418). Hierdurch wird unterstrichen, dass ein wichtiger Faktor im Wissensmanagement die Beteiligung der betroffenen Personen ist. Mast (vgl. ebenda) führt hierzu weiter aus, dass wesentliche Kriterien für die Nutzung von Kommunikationswegen für den Wissenstransfer die Einfachheit („easy-to-use"), Zeitgerechtheit („just-in-time") sowie Anschlussfähigkeit („ready-to-connect") sind. Diese Aspekte heben die Herausforderungen in dezentralisiert agierenden Non-Profit-Organisationen hervor, da hier die Ruf- bzw. Gehdistanz für kommunikativen Austausch doch sehr divergent sind.

2.5.4.2 Intellectual Capital

Es lässt sich feststellen, dass sich Non-Profit-Organisationen bezüglich des Managements einer Organisation immer mehr an den Erfahrungen und Methoden der For-Profit-Organisationen anlehnen. So haben sich in der Wissenschaft mit Blick auf gewinnorientierte Unternehmen strategische Konzepte entwickelt, wie zum Beispiel das der Industrial Organisation (IO), Ressource-Based View (RBV), Knowledge-Based View (KBV), Balanced scorecard (BSC) und Intellectual Capital (IC) (vgl. Kong 2007: 721), welche dahingehend überprüft werden sollen, ob Sie in Non-Profit-Organisationen Anwendung finden können.

Eine Skizze der Inhalte der einzelnen Konzepte soll die nachfolgende Darstellung (Tabelle 4) vermitteln und die Relevanz für Non-Profit-Organisationen herauskristallisieren:

Tabelle 4: Strategische FPO-Konzepte und deren Nutzen für NPOs
Quelle: eigene Darstellung nach Kong 2007: 721ff.

Konzept	Schwerpunkt	Nutzen für Non-Profit-Organisationen
Industrial Organisation (IO)	• Betont die externen Umwelteinflüsse einer Organisation • Bezieht sich auf eine bestimmte Industrie und Positionierung einer Organisation in der Industrie unter Beachtung einer grundsätzlichen Strategie, die entweder Niedrigpreis oder Produktunterschied fokussiert	• aufgrund der Ausrichtung auf Marktlogik und Konzentration auf Konkurrenz-Unterschiede • Nicht notwendige Differenzierung zur Konkurrenz mit Ziel der Marktplatzierung ist irrelevant für NPOs • NPOs haben eine andere Ausrichtung/Zielsetzung • NPOs haben oft vergleichbare Zielsetzungen oder bieten immateriellen Service • Der Erfolg einer NPO wird nicht am Budget gemessen • *nicht anwendbar*
Ressource-Based View (RBV)	• Fokussiert auf Kosten-Nutzen-Aspekte einer Organisation als fundamentale Treiber für Performance und Wettbewerbsvorsprung • Theorie der Kernkompetenz erlaubt Organisationen zu	• Die Theorie des RBV und der Kernkompetenz, welches interne Ressourcen beansprucht, macht es nicht möglich, ein gleichgewichtiges Bild, wie eine NPO funktioniert, zu liefern. • *nicht anwendbar*

Konzept	Schwerpunkt	Nutzen für Non-Profit-Organisationen
	überdenken, identifizieren und zu erforschen, was sie für Wachstum im globalen Wettbewerb tun müssen	
Knowledge-Based View (KBV)	• Perspektiv-Wissen nutzen als elementare Quelle für Wettbewerbsvorteile • Erweiterung des RBV • Grenze KBV in beidem – implizites und explizites Wissen – als objektiv definierbares Gut	• Wissen als Teil eines Gesamtkonzepts der Wahrnehmung • bis zu einem bestimmten Ausmaß verzerrt durch zu große Fokussierung auf den Ausbau der Informationstechnologie • Visualisierung und das Verständnis der intellektuellen Aspekte, im Besonderen des impliziten Wissens als Wertsteigerung in Organisationen begrenzt (inklusive NPO) • *begrenzt anwendbar*
Balanced Scorecard (BSC)	• Bringt intellektuelle Ressourcen in Organisationen zum Vorschein • Zugrundegelegt werden Maße zur Überwachung der Unternehmensperformance a) finanziell b) Kunden c) interne Prozesse d) Bildung und Wachstum • Strategie: setzt auf Existenz einer stabilen Kundenzielgruppe • Existenz einer Möglichkeit und die Maximierung der Grund-Profitabilität zwischen zwei konkurrierenden Organisationen.	• Voraussetzung des BSC liegen in NPOs nicht wirklich vor • NPOs sind oft verantwortlich für mehrere Komponenten • Leistungsempfänger einer NPO unterscheiden sich typischerweise von denen, die materielle Unterstützung bereitstellen • Mission wahrgenommen eher moralisch als ökonomisch in Abhängigkeit einer Ausgaben-Gewinn-Kalkulation • Es ist kein Personalressourcen-Element in den vier BSC-Perspektiven vorhanden • Bedeutung der Innovativität und Talente der Mitarbeitenden und Ehrenamtlichen einer NPO werden signifikant vernachlässigt • *nicht anwendbar*
Intellectual Capital (IC)	• Im Gegensatz zu den anderen strategischen Konzepten Betonung der qualitativen, nicht-finanziellen Indikatoren für zukünftige strategische Möglichkeiten • wesentlich, voneinander abhängige und ineinander greifende Kriterien der nicht-finanziellen Indikatoren: Human Capital, Structual Capital und Relational (customer) Capital	• IC leistet einen Beitrag zur strategischen Positionierung von Non-Profit-Organisationen, in der Weiterentwicklung des Verständnisses für die Bereitstellung von organisatorischen Ressourcen. • bietet einen Nutzen, die einzigartige Umwelt, mit der Non-Profit-Organisationen agieren, zu koordinieren • Konzept wurde im Grunde für For-Profit-Organisationen entwickelt, bis sich herausstellte, dass es ebenso relevant für Non-Profit-Organisationen ist

Konzept	Schwerpunkt	Nutzen für Non-Profit-Organisationen
		• *anwendbar*

Diese konzeptionellen Ansätze führen vor Augen, wie sehr sich gewinnorientierte Unternehmen mit dem Schaffen von Strukturen, dem Analysieren von unternehmens- spezifischen Besonderheiten und deren Anwendung je nach Ausrichtung und Zielsetzung des Unternehmens befassen. Während sich das Konzept *Industrial Organisation* vordergründig mit den externen Umwelteinflüssen einer For-Profit-Organisation und der spezifischen Positionierung im Markt, fokussiert auf Preis oder Produkt befasst, so steht beim *Ressource-Based View* der Kosten-Nutzen-Aspekt sowie ein erwünschter Wettbe- werbsvorsprung im Vordergrund. Das Wachstum des Unternehmens im globalen Markt ist der Ansatz dieses Konzepts. Ein Wachstum wird bei Non-Profit-Organisationen primär jedoch nicht angestrebt. Vielmehr steht das Erreichen der Organisationszielsetzung im Fokus, wozu sämtliche Ressourcen benötigt und entsprechend genutzt werden.

Mit dem Konzept des *Knowledge-Based View* wird sich wiederum der Perspektive Wissen gewidmet, jedoch mit großem Fokus auf den Ausbau der Informationstechnologie. Insofern ist dieses Konzept auch nicht für Non-Profit-Organisationen geeignet, da deren Engagement sozialen Einrichtungen und wohltätigen Zwecken etc. gilt (Abschnitt 2.3). Hingegen befasst sich das Konzept der *Balanced Scorecard* zwar mit intellektuellen Ressourcen, darüber hinaus aber auch intensiv mit einer der zur Profitabilität des Unternehmens beitragenden Kundenzielgruppe. Eine Non-Profit-Organisation setzt sich demgegenüber mit einer sehr heterogenen Zielgruppenzusammensetzung auseinander, angefangen vom Sponsor, über die Engagierten der Organisation bis hin zu den Mitgliedern etc. (Punkt 3.4.2, Tabelle 8). Insofern ist auch dieses Konzept für Non-Profit- Organisationen nicht relevant.

Der Ansatz des *Intellectual Capital* betont im Gegensatz zu den bisher diskutierten strategischen Konzepten die qualitativen, nicht-finanziellen Indikatoren für eine zukünftige strategische Ausrichtung von Organisationen. Hinzu kommen drei wesentliche von- einander abhängige Elemente dieses Konzepts, die einen Beitrag zur strategischen Posi- tionierung von Non-Profit-Organisationen leisten und somit einen Nutzen für die einzigartige Umwelt von Non-Profit-Organisationen bieten (vgl. Kok 2007: 185):

Human Capital: - Beinhaltet verschiedene menschliche Ressourcenelemente, inklusive Einstellung, Kompetenz, Erfahrung und Qualifikation, implizites Wissen, Innovativität und Talent der Menschen

Structural Capital:	- Bezug auf Bildung und Wissen aufgrund der tagtäglichen Aktivitäten
	- Unterstützende Infrastruktur für Human Capital und beinhaltet alle nicht-menschlichen Speicher an Wissen der Organisation, wie z. B. Datenbanken, Prozesshandbücher, Tagesabläufe, Strategien, Organisationskultur, Veröffentlichungen und Verwertungsrechte
Relational Capital:	- Charakterisiert formale und informelle Beziehungen zu den Stakeholdern einer Organisation und Wahrnehmung, die Organisationen beeinflussen können

Offenkundig wird durch die Auseinandersetzung mit den Management-Konzepten gleichwohl, dass es geringfügige Überschneidungen, vor allem mit Blick auf den Aspekt „Wissen" und „Ressourcen" bezüglich Non-Profit-Organisationen gibt und sich dadurch auch im Dritten Sektor anwenden ließen.

Nach Analyse der beispielhaft genannten Management-Konzepte ist das Konzept des Intellectual Capital, als Teil des Knowledge-Managements, das am besten geeignete strategische Management-Konzept für Non-Profit-Organisationen (vgl. Kong 2007: 721). Das liegt daran, dass strategische Aktivitäten und interne Initiativen eher durch haupt- und ehrenamtlich Mitarbeitende angetrieben werden als durch externe Einflüsse, wie z. B. Behörden. Intellectual Capital ist flexibel und leicht verständlich, da es eine Sammlung intellektueller Ressourcen und deren Abläufe repräsentiert. Die Grundlage dieses Konzepts ist wichtig für Non-Profit-Organisationen, da es beim Ausrichten des menschlichen Verhaltens und der Werte hilft (vgl. Kong 2007: 727).

2.6 Zusammenfassung

Den Herausforderungen, denen sich Non-Profit-Organisationen heutzutage stellen müssen, werden in der Literatur umfangreich untersucht und diskutiert. Dazu gehören Herausforderungen finanzieller, wettbewerblicher, effektiver, technologischer, rechtlicher Natur, bis hin zur Frage nach personellen Ressourcen oder einer Identitätskrise. Zum einen befasst sich die wissenschaftliche Literatur mit Strategien, mit denen der Dritte Sektor nach wie vor arbeitet, und benennt klar die daraus resultierenden Herausforderungen. Zum anderen bietet die Literatur neuere Strategien an. Und wieder andere setzen ausschließlich auf die Kompetenzen der Führungskräfte in Non-Profit-Organisationen.

Wenngleich die Analyse des italienischen Non-Profit-Sektors und der der Studie von Lettieri, Borga und Savoldelli zugrunde gelegten Untersuchung von vier großen Non-Profit-Organisationen (ABIO, Consortium CGM, Fondation IDEA, Saint Vincenzo) nicht repräsentativ ist, so konnten dennoch interessante Erkenntnisse bezogen auf Schwierigkeiten und Potenziale des Knowledge-Managements gewonnen werden, die für diese Untersuchung genutzt werden können. Eine Allgemeingültigkeit kann jedoch nicht abgeleitet werden, wohl aber lässt sich eine Tendenz aufzeigen. Auch die derzeit nicht zur Verfügung stehende Literatur lässt Studien vermissen und zeigt, dass man sich noch nicht umfassend genug mit dem Thema Knowledge-Management befasst.

Ein Forschungskern konnte jedoch klar herausgearbeitet werden, nämlich die Besonderheit des „fließenden Personals": die Ehrenamtlichen samt ihrem Rollen- und Selbstverständnis, was ein Alleinstellungsmerkmal gegenüber For-Profit-Organisationen darstellt. Es besteht ein klares Verständnis über den Grund des Engagements für Non-Profit-Organisationen. Die Arbeit der Ehrenamtlichen wird auf nicht-monetäre Art, in Form von Informationen, Möglichkeit zur Selbstverwirklichung, Einfluss, Macht oder Kontrolle – aber auch durch erhoffte oder tatsächliche Gegenleistungen „entlohnt". Diese Besonderheit lässt Rückschlüsse auf das visionäre Engagement sowie die hochgradige Identifikation der Mitarbeitenden mit der spezifischen Zielrichtung der jeweiligen Organisation zu und konnte zudem mittels wissenschaftlicher Literatur bestätigt werden.

Das eigenständige Arbeiten aller Mitarbeitenden gepaart mit dem Willen, sich für die Organisation auch freiwillig und zeitaufwändig zu engagieren, ist die Basis für das Wirken einer Non-Profit-Organisation. Das damit vorhandene Potenzial-Wissen einer Non-Profit-Organisation und die effiziente Nutzung für die Professionalisierung der Kommunikationsarbeit stehen im Fokus der vorliegenden Untersuchung. Die Darstellung unterschiedlichster Managementansätze im zweiten Kapitel bringen zum Vorschein, dass der Fokus auf die einzelnen Mitarbeitenden und deren Wissen und Qualifikationen einen unschätzbaren Wert für Non-Profit-Organisationen darstellt und ein Alleinstellungsmerkmal gegenüber For-Profit-Organisationen ist. Die Erhebung dieses Wettbewerbsvorsprungs Wissen und deren Steuerung, gepaart mit der hochgradigen Identifikation der Mitarbeitenden mit den Organisationszielen, bergen die Chance für eine professionelle Kommunikationsarbeit und somit klare Organisationspositionierung.

Vor dem Hintergrund des Forschungsansatzes lässt sich festhalten, dass dem Thema Wissen sehr komplexe Prozesse zugrunde liegen. Die Herausforderung besteht dabei vor allem darin, das individuelle Wissen aller Mitarbeitenden zum Nutzen der Organisation einzubringen.

Sehr stark wird sich hierbei auf die Erfahrungen des For-Profit-Bereichs gestützt, um Ideen der Nutzung für Non-Profit-Organisationen zu generieren. Herausgestellt hat sich dabei, dass im Knowledge-Management durchaus Vorteile impliziert sind, die sich für die Nutzung in Non-Profit-Organisation anbieten. Hierbei wird auf die sehr heterogenen Mitarbeitenden, die Identifizierung mit der Non-Profit-Organisation, das Potenzial in der Bildung von Werten und die Nutzung der Erfahrung vergangener Jahre für die Zukunft gesetzt. Des Weiteren auf die höhere operative und vorhandene Effizienz aufgrund des Verständnisses der Funktionsweise einer Non-Profit-Organisation und eine bessere Fähigkeit zur Aufrechterhaltung der mittel- und langfristigen Bindung an Vision und langfristige Pläne.

Alle einer Non-Profit-Organisation zugrunde liegenden organisatorischen Faktoren wie:

- Individualität und Heterogenität der Erfahrungen und Qualifikationen der Mitarbeitenden
- Vorhandener Wissens-Pool als Kapital
- Level an Eigenständigkeit
- Werteorientierte Motivation und Identifikation
- Vertrauensbonus der Öffentlichkeit und somit besondere Beziehung zu Interessengruppen

gelten als Besonderheit und verdienen individueller Erhebung, Steuerung und Anwendung.

Darüber hinaus kann sich auf das Management-Konzept Intellectual Capital der For-Profit-Organisationen gestützt werden, um sich die Vorteile in der Steuerung des Wissens zu Nutze zu machen.

Diese Ansätze führen vor Augen, dass Non-Profit-Organisationen mit einem erheblichen Potenzial ausgestattet sind und es wissenschaftlich bestätigt Ansätze und Möglichkeiten der professionellen Nutzung gibt. Somit stellt sich die Steuerung der Mitarbeitenden mit Blick auf die Erhebung des Wissens und der Qualifikation gerade aufgrund der Dezentralisierung als strategischer Geschäftsführungs-Ansatz heraus. Dieser Ansatz stellt zwar eine weitere Herausforderung für die Geschäftsführung dar, da das so genannte „fließende Personal" entsprechend Qualifikation, Zeitbudget, Zielsetzung und Motivation der Mitarbeitenden (Bundesfreiwilligendienstleistende, Ehrenamtliche etc.) erhoben, erfasst und gesteuert werden muss. Gleichzeitig bildet dies einen Wettbewerbsvorteil, dessen Schärfung im Einsatz und der Steuerung der Mitarbeitenden Chancen in der professionellen Organisationskommunikation und -positionierung bergen.

3 Integrierte Unternehmenskommunikation

Die Veränderungen im Markt und in den Mediensystemen sowie die stehte Neuent-wicklung von Trends zwangen Unternehmen zu einer Umorientierung im Kommunika-tionsmanagement (vgl. Mast 2010: 44). Integrierte Kommunikation stellt einen Management-Ansatz dar, der eine konsistente, klare, einheitliche Unternehmens-darstellung ermöglicht. Gleichzeitig birgt dieser die Chance, Ressourcen zu bündeln und führt somit effizient und effektiv zu langfristigem Vertrauen bei den sehr heterogenen Bezugsgruppen und schafft Handlungsspielräume. Dieses Kapitel soll einen Überblick über die Inhalte der Integrierten Kommunikation sowie die für die vorliegende Untersuchung relevanten Modelle der Integrierten Kommunikation vermitteln, um so den Nutzen insbesondere für dezentral agierende Non-Profit-Organisationen herauszuar-beiten.

Der Begriff Integrierte Kommunikation

In der Praxis wie auch in der wissenschaftlichen Literatur wird die Arbeit der Integrierten Kommunikation mit unterschiedlichen Begriffen belegt. Hierzu gehören beispielsweise „vernetzte", „ganzheitliche", „synergetische" oder „cross-mediale" Kommunikation (vgl. Bruhn 2009: 5). In der Praxis sollte überprüft werden, welche spezifischen Kommunika-tionskonzepte sich hinter diesen Begriffen verbergen.

Im vorliegenden Kontext wird ausschließlich der Begriff „Integrierte Kommunikation" verwendet, um den Ansatz der Schaffung einer kommunikativen Einheit aller zu integrierenden kommunikativen Faktoren als Ziel der Integrierten Kommunikation zu unterstreichen (vgl. Bruhn 2009: 23ff.).

3.1 Definition

Nachfolgend (Tabelle 5) soll mit einer Auswahl der derzeit diskutierten Ansätze ver-deutlicht werden, dass es bereits seit Beginn der 1990er Jahre in Fachkreisen zahlreiche Diskussionen um die Definition von Integrierter Kommunikation gibt. Je nach AutorIn und Blickwinkel variieren die Ansätze, eine wirklich allgemeingültige Definition war daher bisher nicht möglich.

Tabelle 5: Definitionen: Integrierte Kommunikation
Quelle: eigene Darstellung nach Bruhn 2009: 21

Jahr	Autor	Definition
1989	American Association of Advertising Agencies	A concept of marketing communications planning that recognises the added value in a programme that integrates a variety of strategic disciplines – e.g. general advertising, direct response, sales promotion and public relations – and combines these disciplines to provide clarity, consistency and maximum communication impact.
1991	Schultz	The process of managing all sources of information about a product/service to which a customer or prospect is exposed, which behaviourally moves the customer towards a sale and maintains customer loyalty.
1992	Keegan et al.	The strategic coordination of all messages and media used by an organization to collectively influence its perceived brand value.
1993	Kroeber-Riel	Die integrierte Kommunikation zielt durch formale und inhaltliche Abstimmung aller Maßnahmen der Marktkommunikation darauf ab, die von der Kommunikation erzeugten Eindrücke (Werbebotschaften) zu vereinheitlichen und dadurch zu verstärken.
1999	Esch	Unter integrierter Kommunikation wird hier die inhaltliche und formale Abstimmung aller Maßnahmen der Marktkommunikation verstanden, um die von der Kommunikation erzeugten Eindrücke zu vereinheitlichen und zu verstärken. Die durch die Kommunikationsmittel hervorgerufenen Wirkungen sollen sich gegenseitig verstärken.
1999	Kotler et al.	IMC is the concept under which a company carefully integrates and coordinates its many communications channels to deliver a clear, consistent and compelling message about the organization and its products.
2001	Kirchner	Integrierte Unternehmenskommunikation ist der Prozess des koordinierten Managements aller Kommunikationsquellen über ein Produkt, einen Service oder ein Unternehmen, um gegenseitig vorteilhafte Beziehungen zwischen einem Unternehmen und seinen Bezugsgruppen aufzubauen und zu pflegen.
2002	Duncan	A cross-functional process for creating and nourishing profitable relationships with customers and other stakeholders by strategically controlling or influencing all messages sent to these groups and encouraging data-driven purposeful dialogue with them.
2004	Schultz & Schultz	IMC is a strategic business process used to plan, develop, execute und evaluate coordinated, measurable, persuasive brand communication programmes over time with consumers, customers, prospects and other targeted, relevant external and internal audiences.
2005	Kliatchko	IMC is the concept and process of strategically managing audience-focused, channel-centred and results-driven brand communication programmes over time.
2008	Kliatchko	IMC is an audience-driven business process of strategically managing stakeholders, content, channels, and results of brand communication programs.

Nach Bruhn (2009: 20) stellen die jeweiligen Ansätze entweder stärker den Prozess oder die Wirkung der Integrierten Kommunikation in den Mittelpunkt, konzentrieren sich rein auf die Zielgruppe der Kunden oder wählen einen breiten Fokus, der das Management von

Marktkontrapunkten betont bzw. auf die Messbarkeit der Kommunikation abzielt. Es wird deutlich, dass die Definitionen stark vom Hintergrund der AutorInnen geprägt sind und keine Allgemeingültigkeit besitzen.

Masts Definition der Integrierten Kommunikation stellt einen zeitgemäßen Ansatz dar, der aus diesem Grunde nicht unerwähnt bleiben soll:

> *„Integrierte Unternehmenskommunikation umfasst das Management der Kommunikationsprozesse eines Unternehmens mit seinen internen und externen Umwelten und zielt darauf ab, bei den Zielgruppen ein inhaltlich, formal und zeitlich einheitliches Erscheinungsbild des Unternehmens zu erzeugen. Durch konsistente, integrierte Kommunikation kann sich ein Unternehmen strategisch positionieren und dies letztlich als Wettbewerbsvorteil im Kommunikationswettbewerb nutzen."* (Mast 2010: 45)

Hingegen besitzt die Definition von Bruhn derzeit am ehesten „Allgemeingültigkeit" und ist darüber hinaus auch weit verbreitet, was im Begriffsverständnis begründet ist:

> *„Integrierte Kommunikation ist ein Prozess der Planung und Organisation, der darauf ausgerichtet ist, aus den differenzierten Quellen der internen und externen Kommunikation von Unternehmen eine Einheit herzustellen, um ein für die Zielgruppen der Unternehmenskommunikation konsistentes Erschei-nungsbild über das Unternehmen zu vermitteln."* (Bruhn 2009: 22)

Bruhns wissenschaftlicher Zugang zur Integrierten Kommunikation ist eher neutral, wenngleich sein Hintergrund eher marketinggeprägt ist. Dies kommt jedoch in seiner Definition nicht zum Tragen. Vor dem Hintergrund der Komplexität einer dezentral agierenden Non-Profit-Organisation, der Steuerung der Mitarbeitenden entsprechend ihrer Qualifikation sowie dem Ziel, kommunikativ eine Einheit herzustellen, wird der vorliegenden Arbeit Bruhns Definition zugrunde gelegt. Sie setzt nicht nur auf die Heranziehung der differenzierten Quellen, sondern beinhaltet auch den strategischen Aspekt der Planung und Organisation, die im Fokus dieser Untersuchung liegen.

3.2 Merkmale

Um dem Ziel der Integrierten Unternehmenskommunikation gerecht zu werden, nämlich der Schaffung eines einheitlichen und konsistenten Unternehmensbildes und somit der Informationsüberflutung zu entfliehen, hat Bruhn (vgl. 2009: 23) entsprechend des Begriffsverständnisses der Integrierten Kommunikation acht Merkmale definiert (siehe Tabelle 6).

Tabelle 6: Zentrale Merkmale der Integrierten Kommunikation
Quelle: eigene Darstellung nach Bruhn 2009: 23

Integrierte Kommunikation ist ...

(1) ... Ziel der Kommunikation; Ausrichtung der Kommunikationsarbeit zum Zwecke der Unternehmenspositionierung bzw. anderen Bezugsobjekts.

(2) ... ein Managementprozess: Analyse, Planung, Durchführung, Organisation und Kontrolle von Kommunikationsaktivitäten in eine bestimmte Richtung.

(3) ... abhängig von der Markenstrategie: kommunikative Profilierung von Einzelmarken als Familienmarken, Produktgruppen, aber auch Geschäftsbereiche bzw. das Unternehmen als Ganzes am Markt und somit Gegenstand der IK.

(4) ... umfasst sämtliche internen und externen Kommunikationsinstrumente: Erfassung und Analyse der spezifischen Funktionen, Zielgruppen, Aufgaben und Beziehungen untereinander zwecks strategischer Integration.

(5) ... bezieht sich auf sämtliche Zielgruppen des Unternehmens: Berücksichtigung externer und interner Anspruchsgruppen.

(6) ... schafft Einheit in der Kommunikation: Einheit dient als Orientierungsrahmen und übergeordnete Zielrichtung für Integration sämtlicher Kommunikationsinstrumente.

(7) ... steigert Effizienz: Messbarkeit der Wirksamkeit der durch IK entstehenden Synergiewirkung des gemeinsamen Auftritts; dadurch effektiverer und effizienterer Einsatz des Kommunikationsbudgets.

(8) ... hat ein einheitliches Erscheinungsbild bei den Zielgruppen zur Folge: inhaltliche, formale und zeitliche Abstimmung der Kommunikationsmaßnahmen; Beeinflussung der Zielgruppen durch prägnante und in sich widerspruchsfreie und somit glaubwürdige Kommunikation.

Diese Merkmale führen vor Augen, dass Integrierte Kommunikation einerseits einen erheblichen Abstimmungsbedarf erforderlich macht, auf der anderen Seite offenbaren sie die Chancen in der einheitlichen kommunikativen Ausrichtung. Mit Blick auf das Potenzial-Wissen in Non-Profit-Organisationen bedeutet dies die Notwendigkeit einer Analyse des vorhandenen Fachwissens bezüglich Kommunikation (Marketing, PR und Corporate Identity) und Geschäftsführung (Mitarbeitendensteuerung, Bezugsgruppen-Analyse, Budget) mit dem Ziel des effizient gesteuerten Einsatzes der hierfür erforderlichen Mitarbeitenden. Zerfaß (vgl. 2006: 314) macht deutlich, dass es dem Management obliegt, in der Organisation geeignete Strukturen zu schaffen, die für die Formulierung und Umsetzung einer integrierten Kommunikation geeignet sind.

Mast (vgl. 2010: 45) betont hierzu, dass Entscheidungen heute im Wesentlichen nicht mehr aufgrund von Tatsachen, sondern von Eindrücken und fiktionalen Realitäten fallen, was in der Informationsüberlastung der Menschen und der Vielfalt der Medien und

Kommunikationskanäle begründet ist. Vor dem Hintergrund des Forschungsansatzes kommt insofern der Straffung von Ressourcen und deren Einsatz im Kommunikationsmanagement Priorität zu, um Integrierte Kommunikation bestmöglich umsetzen zu können. Der Aspekt „Bezugsgruppen" hat für Non-Profit-Organisation besondere Bedeutung. Deshalb wird sich unter Punkt 3.4.2 ausführlich dem Bezugsgruppen-Management gewidmet. Umso mehr gilt es, der internen und externen Kommunikation sensibel zu begegnen und Beachtung zu schenken.

3.3 Modelle

Informationsüberflutung, Kommunikationsvielfalt und individuelle Kommunikationsbedürfnisse der einzelnen Bezugsgruppen eines Unternehmens führen vom klassischen Wettbewerb immer mehr zu einem Kommunikationswettbewerb. Die strategische Abstimmung der einzelnen Kommunikationsdisziplinen (Marketing, Public Relations, Corporate Identity) auf ein einheitliches Erscheinungsbild in Richtung effizienter und konsistenter Gesamtkommunikation birgt das Potenzial, in diesem Wettbewerb bestehen zu können (vgl. Mast 2010: 44).

Nachfolgend wird eine kleine Auswahl der in Deutschland und in den USA bis heute erarbeiteten Modelle der Integrierten Kommunikation vorgestellt, welche sich mit unterschiedlichsten Theorien auseinandergesetzt haben. Gleichzeitig werden durch diese Gegenüberstellungen nicht nur Überschneidungen im Kern der Ansätze deutlich, sondern zeigen auch die Weiterentwicklung der Modelle im Laufe der Zeit. Als Unterscheidungsmerkmale wären aber auch die Reichweiten bzw. die Komplexität der einzelnen Modelle zu benennen. Ein Anspruch auf Vollständigkeit besteht bei der Darstellung nicht. Vielmehr wurde versucht, beispielhaft die unterschiedlichen Zugänge und Sichtweisen darzustellen, nämlich Integrierte (vernetzte) Kommunikation von Institutionen jeweils aus dem Blickwinkel einer Kommunikationsdisziplin zu positionieren und andere, parallele Theorien verwandter Kommunikationsdisziplinen zu vernachlässigen.

Mast (vgl. 2010: 52) hält zu den Veränderungen der Modelle im Laufe der Zeit fest, dass die frühen integrierten Modelle der Marketingkommunikation ganz auf den Kunden ausgerichtet waren. Erst seit den 1990er Jahren fand eine Erweiterung der Ansätze auf verschiedene Zielgruppen, insbesondere die Wiederentdeckung des Kunden als zentrale Zielgruppe der Unternehmenskommunikation, statt. Die Leistung der neueren Ansätze der Integrierten Kommunikation liegt darin, die Grenzen zwischen den Disziplinen Marketing und PR aufzuheben.

Definition „Modell"

Nach Stachowiak (vgl. 1983: 172) sind zwar Modelle immer Modelle *von etwas* (mehr oder weniger anschauliche oder abstrakte, direkte oder vermittelte, einfache oder komplizierte Abbildungen oder Repräsentationen), aber sie erfassen im Allgemeinen nicht alle Originalattribute. Vielmehr haben sie die Funktion, Beziehungen, Sichtweisen und Aspekte vor Augen zu führen und sind damit relativ. Sie stehen für den Moment des Modellerstellens und erfassen stets nur die für den Modellbildner relevanten bzw. erfassbaren Aspekte. Hierunter wird wohl die Verkürzung komplexer Systeme auf das für den Modellentwickler Wesentliche verstanden und das Simplifizieren/Reduzieren auf wenige, aussagekräftige Aspekte.

Mast (2010: 31) fasst diese Ansicht kurz: „Modelle sind Abstraktionen der Wirklichkeit." Diese Sichtweisen unterstützen die Zielrichtung der nachfolgenden Modell-Betrachtungen und werden aus diesem Grunde entsprechend verwendet.

3.3.1 Marketing-zentrierte Modelle

3.3.1.1 Kommunikationsmanagement nach Pepels

Nach Pepels (2001: 825) wird das Konzept der Integrierten Kommunikation wie folgt definiert: „Integrierte Kommunikation ist die harmonische Abstimmung aller Einzel-maßnahmen der Kommunikationspolitik, die real wahrnehmbar sind (= Werbemittel) bzw. der Gesamtheit intern relativ homogener und extern zugleich heterogener Instrumente (= Medien) zur besseren Erreichung angestrebter Vorzugsstände bei Personen (auch als Repräsentanten von Organisationen), die als relevante Kommunikationserfüller durch den Botschaftsabsender gemeint sind, im Wege inhaltlicher, formaler und raumzeitlicher Abgleichung. Es handelt sich damit um ein gedankliches Konstrukt zur Gesamtheit der Darstellung des Unternehmens und seiner Leistungen aus differenzierten Quellen der Kommunikation zu einem für die Zielpersonen konsistenten Erscheinungsbild durch gemeinsame Ausrichtung aller Kommunikationsinstrumente." Dem entsprechend führt Pepels (vgl. ebenda) weiter aus, dass Public Relations eine „Unterform der Wirt-schaftswerbung" ist und spricht der Öffentlichkeitsarbeit „Umgehungscharakter" zu.

Aus dem Blickwinkel Pepels kristallisieren sich als Integrationskriterien z. B. sämtliche Elemente des Marketings heraus. Hierunter fallen beispielsweise ein *Briefing* mit Dar-stellung des Angebotsumfelds, Marketingstrategie, Marktabgrenzung, Werbeziele/-Botschaften/-Budgets. Oder auch die *Konzeptionierung* mit Definition der Absatzquelle, Zielgruppen, Festlegung der Positionierung und des Kampagnenformats, bis hin zur

Mediaplanung im Sinne der Budgetbewertung, Intermediavergleich, Intramediavergleich, Business-to-Business-Media (Pepels 2001: 33ff.; 825ff.).

Relevanz

Bei diesem Modell wird die marketingorientierte Ausrichtung deutlich. Somit wird die Integration von PR-Aktivitäten bis hin zur Corporate Identity und Bildkommunikation vernachlässigt. Dieses Modell soll eine sehr einseitige Integration vor Augen führen, ist aber für die vorliegende Studie und deren Zielsetzung nicht relevant.

3.3.1.2 Bruhns Modell der Integrierten Unternehmenskommunikation

Diesem Konzept nach Bruhn[4] obliegt ein verhaltenswissenschaftlicher Wirkungsansatz der Gestaltpsychologie in dem Sinne, als dass die einheitliche Wahrnehmung Entscheidungen bei Rezipienten durch widerspruchsfreie und konsistente Informationen provoziert (vgl. Kirchner 2003: 124ff.). Dieses Konzept bezieht sich in erste Linie auf For-Profit-Unternehmen und definiert Unternehmenskommunikation als Managementprozess. Im Zentrum dieses Ansatzes steht die Festlegung eines Soll-Bildes mit der gewünschten Unternehmenspositionierung sowie parallel die Entwicklung einer Strategie für jede einzelne Kommunikationsfunktion. Die Kommunikationsfunktion besteht hierbei aus drei Dimensionen: Definition der Zielgruppen, Formulierung der Botschaften und Auswahl der Kommunikationsmittel (vgl. ebenda).

Des Weiteren ist ein Wesen dieses Konzepts nach Bruhn die Notwendigkeit der Anfertigung eines aus drei Teilen bestehenden schriftlichen Dokuments zur Fixierung der Kommunikationsstrategie, bestehend aus (vgl. Kirchner 2003: 125):

- der *Unternehmensstrategie,* mit einer Ausformulierung der Hauptziele entsprechend der strategischen Unternehmenspositionierung, Hauptzielgruppen und Kerninstrumente,

- den *Kommunikationsregeln*, mit Aussagen über strategische Positionierung und Kommunikationsziele sowie zentraler Kernbotschaften, sowie

- den *Organisationsregeln,* mit Blick auf die Arbeitsabläufe, Formen der Zusammenarbeit, Zuständigkeiten und Verantwortlichkeiten der Kommunikationsabteilungen.

Bei den zu integrierenden Kriterien berücksichtigt Bruhn (vgl. 2009: 80ff.) die:

---

[4] Manfred Bruhn ist Forscher und Professor am Lehrstuhl für Marketing und Unternehmensführung der Universität Basel, Schweiz. Während der Entstehung dieses Konzepts war er an der European Business School in Reinhartshausen, Deutschland, tätig (Kirchner 2003: 124).

- **Inhaltliche Integration** mit thematischen Verbindungslinien, z. B. durch die Verwendung einheitlicher Leitmotive, Slogans, Kernbotschaften und Schlüsselbilder,

- **formale Integration** mit einheitlichen Gestaltungsprinzipien für alle Kommunikationsaktivitäten wie Farben, Schrifttypen und Logos, sowie

- die **zeitliche Integration** mit Blick auf die langfristige Planung sowie zeitlicher Koordinierung und Kontinuität.

Relevanz

Dieser Ansatz wird deutlich durch betriebswirtschaftliche Aspekte dominiert. Des Weiteren wird Öffentlichkeitsarbeit eher Produkt-PR als Hilfsmittel des Marketings/der Werbung verstanden. Das Kommunikationsverständnis ist wenig verständigungsorientiert, sondern eher asymmetrisch, was sich eher ungünstig auf die Arbeit in dezentral agierenden Non-Profit-Organisationen auswirkt und für den Forschungsansatz deshalb nicht relevant ist. Dieser Ansatz konnte sich dennoch aufgrund leichter Verständlichkeit und durch die leicht in die Praxis umsetzbaren Integrationsebenen gut durchsetzen. Auch empfiehlt Bruhn einen/eine KommunikationsmanagerIn, angesiedelt im Top-Management, für die Planung und Kontrolle der Integrierten Unternehmenskommunikation, das Initiieren von Projekten, die Beratung der Fachabteilungen bei Fragen der Integration, Informationssammlung und -weitergabe sowie gewisse Entscheidungsfunktion, z. B. Freigabe der Kommunikationsmittel.

3.3.2 PR-zentrierte Modelle

3.3.2.1 Kommunikationsmanagement nach Neske

Nach Neske (vgl. 1977: 19ff.) tritt jedes soziale Gebilde, egal wie strukturiert, organisiert und rechtlich eingeordnet, mit seinen Öffentlichkeiten in Kontakt. Diesem Konzept obliegt die Ansiedlung einer PR-Stelle zum Zwecke der Kommunikation im Sinne der definierten PR-Ziele und Information der Führungsspitze.

Als Integrationskriterien stehen bei diesem Konzept die Kommunikation der PR-Botschaften im Fokus sowie die „Auswertung und Interpretation des Standes der veränderten Einstellungen, Meinungen und Verhaltensweisen der Öffentlichkeit" (Neske 1977: 20f.). Darüber hinaus werden als Träger der PR-Botschaften Massenmedien wie Zeitungen und Zeitschriften, Fernsehen, Rundfunk und Film definiert und für den wirkungsvollen Einsatz dieser Medien die Kenntnis über Wirkungs-, Arbeits- und Erscheinungsweisen notwendig (vgl. ebenda).

Relevanz

Bei diesem Modell wird ein breites PR-Verständnis deutlich. Neske versteht Öffentlichkeitsarbeit als „Management von Kommunikationsprozessen zwischen Organisationen
oder Institutionen und der Öffentlichkeit zum Zweck der gegenseitigen Informierung über
Einstellungen, Meinungen und Verhalten" (Neske 1977: 19). Analog zu Grunig kann auch
bei Neske von einem Ansatz der Integrierten Kommunikation gesprochen werden, wenngleich der Autor, eigentlich widersprüchlich, PR frei nach Kotler (siehe Tabelle 5) dem
Marktkommunikations-Instrumentarium zuordnet. Aufgeführt wird dieses Modell, um auch
diese Blickrichtung vorzustellen. Für die vorliegende Untersuchung ist es jedoch nicht
relevant.

3.3.2.2 Grunigs Konzeption von Kommunikationsmanagement

Nach Grunig[5] verfolgt Unternehmenskommunikation den Zweck, Kommunikation
zwischen Führungskreis oder Entscheidungszentrum des Unternehmens und anderen Bezugsgruppen zu vermitteln. Neuere Arbeiten ordnen integrierte Marketingkommunikation,
wie z. B. Werbung und Produkt-PR, der Gesamt-PR unter. Somit wird PR nicht als ein
Instrumentarium, sondern als Managementfunktion gesehen. Es findet eine organisatorische Trennung der Marketing- und PR-Abteilung statt, da dadurch ein größerer
Nutzen der Vielseitigkeit für das Unternehmen gesehen wird. Nach diesem Konzept sollte
PR einen direkten Anschluss an die Führungsebene haben und eine integrierende Instanz
für Kommunikation sein. Die Integration wird als glaubwürdige und konsistente Kommunikation mit Bezugsgruppen zur Schadensvermeidung und zum Aufbau von „Goodwill"
gesehen (vgl. Kirchner 2003: 142ff.).

Die Integration erfolgt auf Basis eines Fundus von Wissen und einem Set von Techniken,
die für strategische Zwecke, wie z. B. Konfliktmanagement und Beziehungsaufbau, bei
Teilöffentlichkeiten eingesetzt werden können. Unter „Wissen" ist hierbei das systematische und verlässliche Sammeln und Organisieren von Information über Bezugsgruppen sowie Kommunikation dieser Informationen an das Top-Management zu
verstehen (vgl. Kirchner 2003: 142ff.).

---

[5] James E. Grunig ist Professor für Public Relations am Department of Speech Communication der University
of Maryland, College Park, USA. Seine wichtigsten Koautoren sind Professor Todd Hunt, Department of
Communication, State University of New Jersey und im Rahmen der "Excellence"-Studie Larissa A. Grunig,
Associate Professor, Department of Speech Communication, University of Maryland sowie David M. Dozier,
Professor, Department of Journalism, San Diego State University (Kirchner 2001: 142).

Relevanz

Nicht die strategische Analyse ausschließlich der Kundengruppen steht im Vordergrund dieses Ansatzes, sondern kritische Gruppierungen und Meinungsbildner. Dieses Modell steht zudem auf Basis zweiseitiger, symmetrischer Kommunikation, was für die Verwendung bei Non-Profit-Organisationen spricht. Auf der anderen Seite sind die Markenpositionierung sowie Corporate-Identity-Aspekte kein Integrationspunkt des Modells. Somit ist dieses Modell vor dem Hintergrund dieser Untersuchung nicht zu empfehlen.

3.3.3 Integrative Modelle

3.3.3.1 Kommunikationsmanagement nach Zerfaß

Zerfaß wählt bei seinem Modell einen organisationstheoretischen Ansatz mit betriebswirtschaftlicher Sichtweise und setzt auf dialogorientierte Kommunikation. Hierbei ist es Aufgabe der Unternehmensführung, erfolgsträchtige Unternehmensstrategien zu formulieren, zu realisieren und durchzusetzen. Zielsetzung ist dabei die einheitliche Ausrichtung der Bereiche Organisationskommunikation (nach innen), Marktkommunikation (kundenorientiert) und der Öffentlichkeitsarbeit (gesellschaftsorientiert). Die Bestimmung einer zentralen Kommunikationsabteilung wird nicht als zielführend angesehen. Darüber hinaus werden die Corporate-Identity-Aspekte vollständig ausgegrenzt (vgl. Kirchner 2003: 132ff.).

Bei diesem Konzept wird zudem zwischen zwei Ansatzpunkten für Integrationsbemühungen unterschieden. Zum einen der Ebene der eigentlichen Kommunikationshandlungen und zum anderen der Ebene des Kommunikationsmanagements. Letzteres bezieht sich auf die Steuerung der Kommunikationsprozesse in arbeitsteiligen Organisationen. Des Weiteren unterliegt das Kommunikationsmanagement, bezogen auf Planung, Kontrolle, Organisation, Personalmanagement und Menschenführung inhaltlichen, zeitlichen sowie formalen Integrationsbedingungen. Dieses wiederum wird situations- und aufgabenbezogen, mittels eines überfunktionalen Planungsteams, gesteuert. Als Beispiele für ein sog. Planungsteam werden Werbefachleute, Außendienstmitarbeitende, Presseleute und Lobbyisten angeführt. Herausgestellt wird bei diesem Konzept, dass die Wahrnehmung der Kommunikationsaufgabe grundsätzlich durch alle Organisationsmitglieder wahrgenommen werden muss (vgl. Kirchner 2003: 132ff.).

Relevanz

Zerfaß verwendet bei seinem Ansatz eine breite, gesellschaftsorientierte Perspektive der Unternehmenskommunikation und nähert sich somit auf sozialtheoretischer Weise den Bezugsgruppen an. Der Bezugsrahmen seines Konzepts ist die strategische Unternehmensführung auf Basis von Kommunikationshandlungen und sieht die Integrierte Kommunikation als zentrales Element des strategischen Managements vor.

Des Weiteren sieht dieser Ansatz vor, dass durch Schaffung einer zentralen Abteilung für Kommunikation die Kommunikationsaufgabe nicht organisiert werden kann, sondern nur durch Integration sämtlicher Organisationsbereiche. Dies ist jedoch mit Blick auf die Organisationsstruktur von Non-Profit-Organisationen kaum möglich. Darüber hinaus fehlt auch in diesem Ansatz der Corporate-Identity-Aspekt, weshalb dieses Modell für die vorliegende Untersuchung nicht relevant ist.

3.3.3.2 Bogners Wiener Schule der Vernetzten Kommunikation

Bei Bogners[6] (vgl. 2005: 54f.) Modell zur Integrierten (vernetzten) Kommunikation findet eine gleichwertige, konsistente und gleichrangige Behandlung der Bereiche Marketing, PR und Corporate Identity statt, gleichwohl ist festzustellen, dass die Zugänge zu den drei Teildisziplinen sehr unterschiedlich sind. Durch die Integration bzw. das Ineinanderschieben dieser drei Kommunikationsbereiche ergibt sich ein Kernbereich, der für die „strategische Kommunikation" steht. Die Ausfüllung dieses Kernbereichs und die Entwicklung der Kommunikationsstrategie sowie Koordination der verschiedenen Kommunikationsdisziplinen erfolgt in der Praxis durch einen/eine KommunikationsmanagerIn. Die Ansiedlung dieses Kommunikationsmanagenden wird nach Bogner (vgl. 2005: 75ff.) entweder direkt in der Geschäftsleitung empfohlen oder in zweiter Ebene unterhalb der Geschäftsleitung. Teilbereiche, wie z. B. Medienarbeit, Werbung, Corporate Design u.a. sind adäquat zugeordnet. Es wird ein Paradigmenwechsel berücksichtigt, der nicht mehr „die isolierte segmentierte Sichtweise der einzelnen Wissensbereiche, sondern deren Zusammenschau, deren gemeinsame Wurzeln und deren Synergiewirkungen durch Vernetzung" (Bogner 2003: 86) in den Vordergrund stellt.

Die Kriterien für die Integration obliegen auch hier inhaltlichen, zeitlichen und formalen Ansätzen. Darüber hinaus findet die Integration von Marketing, z. B. der Produkt-, Preis- sowie Vertriebspolitik, Öffentlichkeitsarbeit, interne Kommunikation und Corporate Identity

---

[6] Franz M. Bogner ist Diplomkaufmann und studierte an der Hochschule für Welthandel in Wien. Er arbeitete u.a. als Wirtschaftsredakteur, PR-Chef und war langjähriger Präsident des Public Relation Verbandes Austria sowie Hauptgeschäftsführer des Kuratoriums für Verkehrssicherheit.

samt deren Teilbereiche, wie Corporate Behaviour und Corporate Design, statt (vgl. Bogner 2005: 33ff.).

Relevanz

Bei diesem Modell sticht die stimmige und verständliche Vermittlung der Botschaften im Rahmen eines kontinuierlichen und vertrauensbildenden Dialogs heraus. Darüber hinaus spricht für den Einsatz in (dezentral agierenden) Non-Profit-Organisationen, dass fach-spezifische Teilbereiche weiterhin über jeweilige spezifische Fachkenntnisse verfügen dürfen und somit keine „thematische Zusammenführung" stattfindet.

Dies ist vor allem für den Aspekt der verstreut agierenden Mitarbeitenden relevant. Über die Regelung klarer Zuständigkeiten sind Chancen für eine erfolgreiche Umsetzung in Non-Profit-Organisationen mit Blick auf den Selbstverwirklichungsansatz der Mitarbeiten-den verborgen, insofern die Qualifikationen entsprechend im Vorfeld erhoben und dem-entsprechend eingesetzt werden.

Darüber hinaus besteht mit diesem Modell die Chance, durch die Akzeptanz der jeweiligen Fachbereiche Barrieren oder Fach-Rivalitäten zu eliminieren (scheinbar nicht verwandte/widersprüchliche Wissensbereiche würden gleichwertige, nicht herrschafts-orientierte Vernetzung erfahren). Dieser Aspekt ist von Natur aus in Non-Profit-Organisationen nicht sehr ausgeprägt, umso mehr verspricht die Umsetzung nach diesem Modell der Integrierten Kommunikation mit universellem Kommunikationsanspruch Erfolg.

Das Wiener Modell versteht sich als erweiter- und veränderbar mit offenem und flexiblem Theorieansatz, der sich durch ständigen Wandel und kreativen Gestaltungswillen auszeichnet. Da sich Non-Profit-Organisationen als sehr komplexe, sich ständig erweiterbare und veränderbare Netzwerke verstehen, wird dieses Modell vor dem Hintergrund des Forschungsansatzes als einzig relevant angesehen.

Fazit:

Die Analyse der Modelle ergab, dass integrierte Unternehmenskommunikation nicht nur ein philosophisches Konzept, sondern vielmehr einen Planungs-, Organisations- und Optimierungsprozess darstellt und die Ansätze je nach AutorIn und entsprechender Perspektiven variieren. Auch ist sich die wissenschaftliche Literatur einig darüber, dass Integrierte Kommunikation von der Unternehmensleitung unterstützt werden muss.

Ähnlichkeiten weisen die Konzepte von Bruhn, Zerfaß und Grunig insofern auf, als dass sie von einer bewussten strategischen Konstruktion der Unternehmenspositionierung ausgehen. Auffallend ist, dass die Integration der Corporate Identity fast durchgängig keine Beachtung findet. Ausschließlich im Modell der Wiener Schule der Integrierten (vernetzten) Kommunikation wird diesem Punkt ausführlich Beachtung beigemessen.

Somit hat sich für die vorliegende Untersuchung das Modell der Wiener Schule als einziges für eine mögliche Umsetzung der Integrierten Kommunikation in Non-Profit-Organisationen herauskristallisiert. Nicht nur, weil es deutlich den Corporate-Identity-Aspekt berücksichtigt, sondern vor allem, da es an den strukturellen Voraussetzungen von (dezentral agierende) Organisationen ansetzt. Non-Profit-Organisationen sind sich ständig erweiternde, veränderbare Netzwerke, deren Sicherstellung der Flexibilität ein Muss zum Gelingen der Organisationsziele und der damit verbundenen Kommunikationsarbeit ist. Diesem Wesensmerkmal wird mit dem Wiener Modell Rechnung getragen, wie keines der anderen beleuchteten Ansätze.

3.4 Anforderungen

Der immer schneller wachsende Markt und damit verbundene Konkurrenzkampf um Aufmerksamkeit macht ein Umdenken der Organisationen notwendig. Gerade der Aspekt „Zeit" macht deutlich, dass Organisationen inmitten der Informationsflut des Marktes schnell und unkompliziert kommunizieren müssen, um Interesse zu wecken bzw. auf sich aufmerksam zu machen. Die Zielgruppen werden fordernder, die Informationen immer komplexer. Nie war beim Werben um Aufmerksamkeit der Druck auf die Organisationen höher als heute.

Im Mittelpunkt der Kommunikation müssen die Vermittlung von Zielen, der Konsens über das weitere Vorgehen von Unternehmen und die Integration von Wissen in die Entscheidungen stehen (vgl. Mast 2010: 416). Vor dem Hintergrund des Forschungs-ansatzes unterstreicht Mast die Chancen und die Bedeutung der Integrierten Kommu-nikation mit Fokus auf den Faktor *Wissen* in Non-Profit-Organisationen. (siehe auch Punkt 2.5.4)

Unterschiedliche wissenschaftliche Studien zeigten, dass Integrierte Kommunikation nur durch die Koordination von Kommunikationsmaßnahmen in Form eines Zusammen-schlusses konzeptioneller, organisatorischer und personeller Maßnahmen umsetzbar ist. So ist nicht nur für ein Integrationsbewusstsein zu sorgen, sondern auch für ein Wissen um Integrierte Kommunikation bei Mitarbeitenden und Führungskräften. Bruhn (vgl. 2009: 106ff.) führt hierzu zehn Anforderungen vor Augen, die unabdingbar für den Erfolg der Integrierten Kommunikation sind. Hierzu zählen z. B. auch die Formulierung einer

Kommunikationsstrategie, ausgerichtet an der angestrebten Positionierung des Unternehmens, die formal gleiche Gestaltung bestimmter Kommunikationselemente sowie deren kontinuierlicher Einsatz (z. B. Markenname, Logo, Slogan, Typografie, Farben und Bilder), bis hin zur Schaffung von Verknüpfungsmöglichkeiten der verschiedenen Kommunikationsmaßnahmen. Nachfolgend (Tabelle 7) sollen die zehn Anforderungen nach Bruhn ausführlich dargestellt werden.

Tabelle 7: Anforderungen: Integrierte Kommunikation
Quelle: eigene Darstellung nach Bruhn 2009: 106

Anforderungen	Inhalt/Ziel	Gefahr bei Nichteinhaltung
(1) Schaffung von Bewusstsein für die Notwendigkeit einer Integrierten Kommunikation	Schaffung eines Integrationsbewusstseins bei den Mitarbeitenden	Fehlende Motivation und Einsicht bei den Mitarbeitenden
(2) Schaffung von Wissen über das Konzept der Integrierten Kommunikation	Vermittlung von notwendigen Kenntnissen über die Integrierte Kommunikation bei den Mitarbeitenden	Mangelhaftes Verständnis bezüglich des Konzepts und keine Umsetzung der Integrierten Kommunikation
(3) Entwicklung einer Strategie der Integrierten Kommunikation	Strategische Verankerung der gesamten Kommunikation	Verzettelung in operativen Einzelmaßnahmen
(4) Orientierung an der Positionierung des Bezugsobjektes der Integrierten Kommunikation	Festlegung der zukünftigen Positionierung des Bezugsobjektes der Kommunikation	Mangelnde Ziel- und Zukunftsgerichtetheit der Kommunikation
(5) Bewusste Gestaltung von Kommunikationselementen	Schaffung einheitlicher formaler Gestaltungsprinzipien für die Kommunikation	Mangelnde Prägnanz und Klarheit bei der Wiedererkennung des Bezugsobjektes der Kommunikation
(6) Kontinuierlicher Einsatz formaler Gestaltungsprinzipien	Schaffung eines konsistenten Erscheinungsbildes bei den Zielgruppen	Zielgruppen nehmen Bezugsobjekt der Kommunikation als nicht konsistent wahr
(7) Formulierung von Verbindungslinien	Definition von Verbindungslinien zwischen Kommunikationselementen	Diffuses Bild vom Bezugsobjekt der Kommunikation durch uneinheitliches Auftreten
(8) Sicherstellung von Konsistenz	Herbeiführung konsistenter Aussagen in der Kommunikation	Widersprüche und Irritationen bei den Zielgruppen
(9) Sicherstellung von Kongruenz	Schaffung von Kongruenz zwischen Verhalten und Kommunikation des Unternehmens	Glaubwürdigkeitsverluste durch divergentes Verhalten

(10) Bewahrung von Kontinuität	Kontinuierlicher Einsatz von Kommunikationsinstrumenten	Irritationen und keine Lerneffekte durch wechselnden Einsatz von Kommunikationsinstrumenten

Vor dem Hintergrund des Forschungsansatzes und der bisherigen theoretischen Erkenntnisse obliegt es der Geschäftsführung einer Non-Profit-Organisation, Voraussetzungen zu schaffen, um den Anforderungen der Integrierten Kommunikation standhalten zu können. Die Grundlagen dafür sind aufgrund des strukturellen Aufbaus der Organisationen sowie der Motivation der Mitarbeitenden bereits existent. Eine Schärfung und Steuerung des Personaleinsatzes mit Hilfe der Bergung des vorhandenen Wissens für den Bereich Kommunikation (z. B. Auswahl nach Kenntnis der Integrierten Kommunikation sowie Spezialisten der einzelnen Teilbereiche) in einer Non-Profit-Organisation wären Ansätze für den Ausbau der Kommunikationsarbeit.

3.4.1 Abstimmungsbereiche für Ressourcen-Erschließung

Das Ziel eines jeden Unternehmens ist es, möglichst (kosten-/zeit-) effizient und effektiv zu arbeiten. Hierzu werden unternehmerische Prozesse analysiert, Defizite erhoben, neue Vorstellungen seitens der Führungskräfte kommuniziert, aber zum Teil nur halbherzig bzw. inkonsequent umgesetzt. Und dies, obwohl auf der Hand liegt, dass durch eine klare und konsistente Unternehmensdarstellung nach innen und außen nicht nur Kundschaft gewonnen werden, sondern auch die Mitarbeitenden eines Unternehmens motiviert werden und die Leistungsfähigkeit gesteigert wird. Die Suche nach Defiziten im Unternehmen ist notwendig, um rechtzeitig korrigierend einschreiten zu können. Gleichzeitig sollte dabei der Blick auf die Möglichkeiten und „verborgenen Schätze" eines jeden Unternehmens nicht außer Acht gelassen werden. Auch diese gilt es zu erheben, um das brachliegende Potenzial eines jeden Unternehmens gewinnbringend, effizient und in Sachen Integration der Mitarbeitenden wertschätzend zu nutzen (vgl. Kiepert et al. 2010: 120ff.).

Das wichtigste Erfolgspotenzial, auch aufgrund ihrer Rolle als Multiplikatoren in der Kommunikation nach innen und außen, liegt im Mitarbeitenden (Punkt 3.4.1). Die Mitarbeitenden emanzipieren sich, wollen nicht mehr fremdbestimmt sein, wollen eigene Entscheidungen treffen, selbstständig denken, handeln und mehr als nur Befehlsempfangende sein. Allem voran steht die Wertschätzung, die sie erfahren möchten. Diese Ansätze lassen sich in der Literatur vor allem mit Blick auf For-Profit-Organisationen finden und spiegeln sich in Gänze in der motivations- und identifikationsgetriebenen Mitarbeit der Ehrenamtlichen wider.

Die Bedürfnistypologie nach Maslow (vgl. 1999: 95ff.) unterstreicht das Potenzial in der Persönlichkeit der Mitarbeitenden und führt mehrere Bedürfnis-Gruppen vor Augen: Das Bedürfnis nach Sicherheit, menschlichen Kontakten, sozialer Zugehörigkeit, Akzeptanz und Geborgenheit sowie nach Individualität, Herausgehoben sein von anderen, nach Selbstverwirklichung, Selbstachtung und Sinnerfüllung. Der Autor unterstreicht damit Merkmale, die ein Engagement der Mitarbeitenden in einer Non-Profit-Organisation begründen (Punkt 2.5.1) und nunmehr als Ressource gezielt in die Organisationsarbeit eingebunden werden kann.

Es gilt also nicht nur die unter Umständen überbürokratisierte Organisationsstruktur zu hinterfragen, sondern auch fehlerhaft geschaffene und gelebte Managementsysteme bis hin zu schlechtem Führungsverhalten (vgl. Kiepert et al. 2010: 121). Diese Aspekte sollten bei der Ressourcenerhebung berücksichtigt werden, um so in der Gesamtbetrachtung die Unternehmensziele zeit- und kosteneffizient erreichen zu können. Nach Kiepert et al. (vgl. 2010: 121f.) lassen sich folgende Abstimmungsbereiche für eine Ressourcen- und Maß-nahmenerschließung nennen, da sich hier aufgrund der Komplexität der Integrierten Kommunikation die meisten Defizite in der Kommunikationsarbeit offenbaren:

> *Interne und Externe Unternehmenskommunikation*
>
> *Organisationsstruktur*
>
> *Corporate Identity und Cross Media Communication*

Ungereimtheiten in der Innen- und Außendarstellung, Verselbständigung einzelner Abtei-lungen und Informationsmissverhältnisse sind prädestinierte Paradigmen, deren Ursachen nicht selten im fehlerhaften wie auch dilettantischen Führungs- und Management-verhalten liegen (vgl. Kiepert et al. 2010: 121). Nachfolgend soll auf diese Aspekte näher eingegangen werden.

3.4.1.1 Interne und externe Unternehmenskommunikation

Nach Kiepert et al. (vgl. 2010: 122) gilt es zunächst den Blick auf die interne Kommu-nikation und somit auf eine umfassende Kommunikationsinfrastruktur zu richten, um den Weg für eine erfolgreiche Integrierte Kommunikation zu bereiten. Die Schaffung eines Kommunikationsbewusstseins bei der internen Zielgruppe ist hierbei essenziell. Erst in einem nächsten Schritt gilt es, die externen Zielgruppen differenziert mit einem ein-heitlichen und konsistenten Erscheinungsbild anzusprechen und für sich zu gewinnen.

Zerfaß (vgl. 1996: 291) beschreibt dies mit dem Setzen von Rahmenbedingungen für einen arbeitsteiligen Aufgabenvollzug mit Blick auf die Abstimmung der divergierenden Zielvorstellungen und Situationsdeutungen.

Um Unschlüssigkeiten in der externen Kommunikation zu vermeiden, ist es somit von Bedeutung, zunächst die Mitarbeitenden, hier der dezentralen Non-Profit-Organisationen, über strategische Zielsetzungen zu informieren. „Eine erste Aufgabe der Organisationskommunikation ist demnach die Herstellung eines generellen Orientie-rungskonsenses" (Piwinger und Zerfaß 2007: 291). Vor allem mit Blick auf die Multiplikatorrolle aller Mitarbeitenden ist es wichtig, dass alle Helfenden über Neuerungen bzw. Zielsetzungen der Organisation informiert sind. Die genaue Auseinandersetzung mit den Aufgaben und Zielsetzungen der Integrierten Unternehmenskommunikation findet unter Punkt 3.4.3 statt.

Das externe Umfeld hingegen umfasst Handlungsfelder von Ökonomie und Gesellschaft. Sie leistet einen entscheidenden Beitrag im Sinne der Förderung notwendiger Prozesse der Interessenabstimmung und Handlungskoordination im Marktumfeld. Die Gestaltung der wirtschaftlichen Beziehungen zu Lieferanten, Abnehmern und Wettbewerbern sowie dem gesellschaftlichen Umfeld leisten hier einen elementaren Beitrag zur Unter-nehmenstätigkeit. Unterschieden wird hier zwischen zwei Teilbereichen: Zum einen der Marktkommunikation, zur Unterstützung sämtlicher kommunikativer Handlungen der Organisationsmitglieder von Transaktions- und Wettbewerbsbeziehungen. Zum anderen der Public Relations mit Blick auf die kommunikativen Beziehungen im gesell-schaftspolitischen Umfeld. Der Öffentlichkeitsarbeit obliegt es, die Unternehmensstrategie bei Politik, Bildung, Wissenschaft durchzusetzen und Widerspruchspotenziale sowie ge-sellschaftliche Anforderungen an Entscheidungsträger zu spiegeln (vgl. Piwinger und Zerfaß 2007: 297f.).

3.4.1.2 Organisationsstruktur

Nicht nur hinter den Mitarbeitenden, sondern auch hinter der Organisationsstruktur verbergen sich Potenziale für dezentral agierende Non-Profit-Organisationen. Die sehr heterogenen Unternehmensbereiche und Positionen einer For-Profit-Organisation oblie-gen der Einordnung in die Organisationsstruktur samt deren Regelwerk, ebenso auch das Management, der Vorstand und der Vertrieb. Je nach Unternehmensgröße und unter Umständen sehr differenzierter Produktsparten mit entsprechend unterschiedlichen (Kunden-)Zielgruppen müssen die Entscheidungskomponenten im Sinne der Integrierten Kommunikation berücksichtigt und vernetzt werden (vgl. Kiepert et al. 2010: 126f.).

Diese Einordnung in eine feste Organisationsstruktur findet jedoch für Non-Profit-Organisationen nicht statt. Dies liegt u.a. darin begründet, dass sich die Organisation nicht nur aus festen Standorten, sondern vor allem aus der Vielzahl der verstreut arbeitenden Mitarbeitenden zusammensetzt und dadurch eher durch ein sich bildendes flexibles Netzwerk bestimmt ist. Die für For-Profit-Unternehmen festgelegten und klar definierten Arbeitsbereiche und gleichzeitig darin verborgenen Kämpfe um die Akzeptanz des jeweils anderen Kommunikationsbereichs sind in Non-Profit-Organisationen nicht in dem Maße gegeben. Vielmehr kann die Organisation auf Mitarbeitende zurückgreifen, die sich mit höchster Identifikation und Überzeugung entsprechend ihrer Qualifikation, fernab von finanziellen Honorierungen, einbringen möchten (siehe Kapitel 2).

Bruhn (vgl. 2009: 230) unterstreicht diesen Ansatz, indem er sagt, dass es für den Einsatz von Kommunikationsinstrumenten Spezialkenntnisse erfordert. Dies hat Auswirkungen auf die Unternehmensstruktur, da es hier zur Schaffung von speziellen Kommunikations-abteilungen kommen kann, um der Differenzierung der einzelnen Abteilungen gerecht zu werden, was allerdings eine Gratwanderung darstellt. Je differenzierter die Kommunikationsabteilungen sind, desto schwieriger ist die Abstimmung zwischen den einzelnen Abteilungen und folglich für die Umsetzung der Integrierten Kommunikation suboptimal. Die Festlegung eines starren Planungssystems kann dazu führen, dass eine zu starke Formalisierung die Flexibilität im Abstimmungsprozess zwischen den Beteiligten erschwert, weshalb der „richtige Grad" der Formalisierung gefunden werden muss. Dieser „starre" Planungsansatz ist in den Strukturen der Non-Profit-Organisationen nicht in der Ausprägung vorgesehen, ebenso wenig die, wie bereits ausgeführt, „speziellen Kommu-nikationsabteilungen", die eine große Hürde bei der Umsetzung der Integrierten Kommunikation darstellen (vgl. Kiepert et al. 2010: 127).

Insbesondere die Hierarchisierung und die Spezialisierung gelten als Aktionsparameter für die Aufbauorganisation, die neben der Ablauforganisation wesentlich für die organi-satorische Gestaltung der Integrierten Kommunikation ist. Die Aufbauorganisation ist hierbei an den Erfordernissen des übergeordneten Unternehmenszwecks ausgerichtet. Aus dem Grund sind spezielle integrationsfördernde ablauforganisatorische Maßnahmen notwendig, wie z. B. der Koordination, die in unterschiedlichen Modellen der Team-orientierung und einem konsequenten Prozessmanagement umgesetzt werden können (vgl. Bruhn 2009: 231). Dieser Ansatz ist einzig in offen und flexibel organisierten Non-Profit-Organisationen gegeben.

3.4.1.3 Corporate Identity und Cross-Media-Kommunikation

Aufgrund der steten Marktweiterentwicklung und der wachsenden Bedürfnisse auf Kundenseite wird es für Organisationen immer wichtiger, sich auf dem Markt klar und widerspruchsfrei entsprechend ihrer Kommunikationszielsetzung und Unternehmens-persönlichkeit zu positionieren. Um diese Widerspruchsfreiheit zu erreichen, wird Corporate-Identity-Konzepten gefolgt, die eine von innen und außen wahrnehmbare einheitliche Ausrichtung der internen und externen Kommunikationsmaßnahmen sicher-stellen (vgl. Herbst 2006: 40f.). Hierunter fallen beispielsweise Begriffe wie Corporate Design, Corporate Behavior, Corporate Culture und Corporate Communication sowie Cross Media Communication. Der Begriff Cross Media „wird aufgrund von durchaus vor-handenen Ähnlichkeiten häufig als Synonym für Integrierte Kommunikation verwendet" (Bruhn 2009: 35). Dennoch liegen bedeutende inhaltliche Unterschiede vor, die eine Abgrenzung erforderlich machen. Im Besonderen sind es die Integrationsformen, die Ziel-gruppen und die Kommunikationsinstrumente beider Konzepte. Bruhn (vgl. 2009: 35) definiert Cross-Media-Kommunikation wie folgt, indem er gleichzeitig betont, dass derzeit keine einheitliche Definition existiert:

> *„Cross-Media-Kommunikation bedeutet den gleichzeitigen Einsatz mehrerer Mediengattungen, wenn in allen Werbemitteln auf ein anderes Medium hingewiesen wird. Ziel der Hinweise ist es, für eine multikanale Ansprache der Konsumenten eine zusätzliche Informationsebene und einen potenziellen Rückkanal zu schaffen, um dadurch direkt in Interaktion mit den Konsu-menten zu treten."* *(Bruhn 2009: 35)*

Zielsetzung der Cross-Media-Kommunikation ist die Nutzung von Synergieeffekten bei der Mehrfachverwendung der unterschiedlichsten Medien und damit einhergehende erhöhte Werbewirkung. Aus Zielgruppenperspektive liegt der Vorteil vordergründig in den erwei-terten Nutzungsmöglichkeiten (vgl. ebenda).

Während beim Management von Corporate Identity das Selbstbild des Unternehmens (Werte, Leitlinien, Prinzipien, Namen und Symbole) im Fokus steht, so handelt es sich beim Corporate Image eher um das Fremdbild (Wahrnehmungen) eines Unternehmens. Beides gilt es so in Einklang zu bringen, dass ein von innen und außen einheitliches und widerspruchsfreies Unternehmensbild entsteht (vgl. Mast 2010: 54). Ergänzend führen Kiepert et al. aus, dass diverse Leitideen der Integrierten Unternehmenskommunikation forciert werden und somit eine hohe Signifikanz erhalten. Ein klares, konsistentes und widerspruchsfreies Gesamtbild des Unternehmens gehören beim Corporate-Identity-Management (CIM) zur Zielsetzung (vgl. Kiepert et al. 2010: 131).

Eine der bekanntesten Definitionen für **Corporate Identity** ist:

„CI ist die strategisch geplante und operativ eingesetzte Selbstdarstellung und Verhaltensweise eines Unternehmens nach innen und nach außen auf Basis eines definierten Images, einer festgelegten Unternehmensphilosophie und Unternehmenszielsetzung und mit dem Willen, alle Handlungsinstrumente des Unternehmens in einheitlichem Rahmen nach innen und nach außen zur Darstellung zu bringen." (Birkigt und Stadler 1986: 21)

Herbst (vgl. 2003: 131f.) formuliert hierzu Dimensionen formeller Integrationskriterien des Corporate-Identity-Managements:

Inhaltlich	thematische Abstimmung sämtlicher Kommunikationsaktivitäten in Form von einheitlichen Slogans, Botschaften, Argumenten, Bildern etc.
Formal	Integration formaler Gestaltungskriterien, wie Firmenname, Firmenlogo sowie Gestaltungskonstanten
Zeitlich	zeitliche Abstimmung sämtlicher Maßnahmen aufeinander, um zeitversetzte Kommunikation zu vermeiden
Instrumentell	Zusammenstellung sämtlicher Corporate-Identity-Instrumente zu einem starken, einheitlichen Mix, um Vorteile der Instrumente zu ergänzen und zu komplettieren und gleichzeitig Schwächen auszugleichen
Objekt	Abstimmung und Vernetzung sämtlicher Filialen/Tochtergesellschaften/Einzelfirmen und deren Einzelleistungen
Partnerintegration	gemeinsame Koordinierung des Corporate-Identity-Managements mit Wirtschaftspartnern, Lieferanten, Unternehmen mit Handelsaufgaben.
International	Abstimmung sämtlicher Aktivitäten in anderen Ländern und Regionen, um zum Beispiel eine einheitliche Homepage des Unternehmens zu gewährleisten
Personell und organisatorisch	Ableitung sämtlicher, für alle Mitarbeitenden zugänglicher, Aufgaben und Entscheidungen aus einem Konzept
Bezugsgruppen-Integration	Sämtliche Bezugs- und Zielgruppen sind in einem Corporate-Identity-Management eingebunden, zum Beispiel durch persönliche Kommunikation und Diskussionsforen im Internet

Diese Dimensionen führen die Übereinstimmung der Zielsetzung des Corporate-Identity-Managements und der Integrierten Unternehmenskommunikation vor Augen. Im Hinblick auf diese Synergien und Symbiosebeziehungen, wie den schlüssigen Zusammenhang von Erscheinung, Worten und Taten eines Unternehmens, bestätigen, dass es unabdingbar ist, Corporate-Identity-Management und auch dessen Voraussetzungen innerhalb jeglichen Integrationsgedankens einer Integrierten Unternehmenskommunikation zu berücksichtigen und in die Planungs- und Umsetzungsprozesse mit zu involvieren (vgl. Kiepert et al. 2010: 134). Cross-Media-Kommunikation und Integrierte Kommunikation lassen sich somit als sich ergänzende Konzepte sehen, keinesfalls aber als konkurrierende (vgl. Bruhn 2009: 37).

Herbst (vgl. 2006: 18) definiert *Corporate Identity* wie folgt und soll auch der vorliegenden Studie zugrunde gelegt werden: Der Begriff *Corporate* bedeutet zum einen „Kooperation", „Verein", „Gruppe", „Unternehmen", „Zusammenschluss"; zum anderen steht er für „vereint", „gemeinsam" oder auch „gesamt". Gemeint ist hiermit somit eine Organisation oder ein Unternehmen, wie auch Verband, Partei, Gewerkschaft etc., als Ganzes. Unter dem Begriff *Identity* ist ein Selbstverständnis zu verstehen: Wer bin ich? Was kann ich? Was will ich? Wer bin ich in den Augen anderer? Wer will ich in den Augen anderer sein? Aus dem gemeinsamen Selbstverständnis aller Mitarbeitenden eines Unternehmens ergibt sich die Identität eines Unternehmens – die Unternehmenspersönlichkeit.

3.4.2 Bezugsgruppen-Management

Jede Organisation hat aufgrund ihres sehr heterogenen Beziehungsnetzes bzw. sozialen Netzwerkes mit bestimmten „Anspruchsgruppen" zu tun, die ein legitimes Interesse an der Organisation haben. Der Grad des „Bezugs" wird durch das Problembewusstsein, die Betroffenheit, Relevanz bzw. die Engagementbereitschaft bestimmt. Als Beispiele gelten Kunden, Mitarbeitende, Zuliefernde oder Interessierte. Der Begriff „Bezugsgruppe" wird synonym für „Teilöffentlichkeit", „Zielgruppe" oder „Anspruchsgruppe" verwendet, wobei ersterer eher die Beziehung zwischen Unternehmen und Gruppe unterstreicht bzw. das Bestehen bestimmter Beziehungsmerkmale hervorhebt. Unter „Beziehungsmerkmal" wären z. B. Nachbarschaft, Kapitalgebende, politisch bzw. administrativ Entscheidende in räumlich-konkreter Zuständigkeit zu verstehen (vgl. Bentele, Fröhlich und Szyszka 2008: 580). Deshalb wird im vorliegenden Kontext der Begriff „Bezugsgruppe" verwendet.

Das Organisationsumfeld hat sich in den letzten drei Jahrzehnten enorm gewandelt, weshalb eine Sensibilisierung bezüglich des Umgangs mit den Bezugsgruppen und deren Existenz erfolgen muss. Die Ansprüche der Umweltsysteme von Unternehmen haben sich erhöht. Entsprechend hat sich auch die Bedeutung des Bezugsgruppen-Managements erhöht, dessen wichtigste Funktion das Analysieren, Verstehen und Managen ist und soziale, ethische und ökonomische Überlegungen umfasst. Für die Erfassung der essenziellen Informationen für das Bezugsgruppen-Management sind die folgenden fünf Schlüsselfragen von Bedeutung (vgl. Carroll und Buchholtz 1996: 73f.):

(1) Wer sind die Bezugsgruppen?

(2) Welches Interesse haben sie?

(3) Welche Chancen oder Probleme stellen sie dar?

(4) Welche Verantwortung hat die Firma gegenüber diesen Gruppen?

(5) Welche Strategien oder Handlungen sollte die Firma verfolgen um Nutzen für die Bezugsgruppen zu generieren?

Fängt man an, die unterschiedlichen Gruppen zu kategorisieren (siehe Auswahl allgemeiner und spezifischer Bezugsgruppen in Tabelle 8), wird sich herausstellen, dass selbst die heterogenen Gruppen der gleichen Kategorie unterschiedliche Interessen, Erwartungen, Anliegen und Rechtsauffassungen haben. Aufgabe des Bezugsgruppen-Managements ist es nun, die Natur und Legitimation einer jeden Gruppe zu identifizieren und in dem Zusammenhang auch deren Einflussmöglichkeit auf die Organisation. Somit ließen sich die Gruppen priorisieren in die, die unverzichtbar für die Existenz der Organisation sind, jene, die strategisch wichtig und jene, die zu bestimmten kritischen Zeitpunkten bedeutend für die Organisation sind (vgl. Carroll und Buchholtz 1996: 78).

Tabelle 8: Bezugsgruppen eines Großunternehmens
Quelle: eigene Darstellung nach Carroll und Buchholtz 1996: 76

Owners	Employees	Goverments	Customers
• Trusts • Foundations • Mutual funds • Universities • Board members • Management owners • Employee pension funds • Individual owners	• Young employees • Middle-aged employees • Older employees • Woman • Minority groups • Disabled • Special-interest groups • Unions	• Federal - EPA - FTC - OSHA - CPSC • State • Local	• Business purchasers • Government purchasers • Educational Institutions • Global markets • Special-interest groups • Internet purchasers
Community	**Competitors**	**Social Activist Groups**	**Investors**
• General fund-raising • United Way • YMCA/YWCA • Middle schools • Residents who live close by	• Firm A • Firm B • Firm C • Indirect competition • Global competition	• PUSH • RAN • MADD • ACLU • Consumers Union • PETA • NRA	• Funder • Sponsor • Donator • Members (Membership fees)

• All other residents • Neighborhood associations • Local media • Chamber of Commerce • Environments		• NRDC • Citizens for Health	

Weiter führen Carroll und Buchholtz (vgl. 1996: 78) mit ihrer Darstellung die Komplexität der Bezugsgruppen vor Augen, derer sich eben vor allem Non-Profit-Organisation stellen müssen. Gerade die Abhängigkeit von finanzieller Unterstützung macht die Auseinandersetzung mit den Geldgebern besonders bedeutsam, was für gewinnorientierte Unternehmen nicht in diesem Ausmaß zum Tragen kommt. Insofern wurden vor dem Hintergrund dieser Untersuchung die Ausführungen der Autoren um den Aspekt *Investors* ergänzt, da es ein Unterscheidungsmerkmal zu For-Profit-Organisationen ist.

Grundsätzlich kann jedoch davon ausgegangen werden, dass jede Bezugsgruppe nicht nur materiellen (wie das in der traditionellen Betriebswirtschaftslehre angenommen wurde), sondern auch immateriellen Nutzen durch das Unternehmen geschaffen und/oder gesteigert haben will. Der Punkt des immateriellen Nutzens für die Bezugsgruppen gilt insbesondere für den Dritten Sektor, der vorrangig sozial und/oder gemeinwesenbezogene Zielsetzungen hat und auf kooperative Organisationsformen setzt. Die Verwirklichung idealler Ziele stehen im Fokus und bedingt es, dass daraus der immaterielle Nutzen der Bezugsgruppen vordergründig ist (vgl. Kirchner 2003: 46).

3.4.3 Aufgaben und Ziele

Hauptanliegen der Integrierten Kommunikation ist es, in den Köpfen der Kunden, aber auch anderer Bezugsgruppen eine möglichst positive Vorstellung vom Unternehmen und seinen Produkten zu erzeugen. Gelingt es nicht, ein klares, einheitliches, glaubwürdiges, konsistentes und verständliches Bild beim Rezipienten zu vermitteln, werden Informationen ignoriert oder gehen in der Flut medialer Angebote unter (vgl. Mast 2010: 45).

Nur durch eine Abstimmung der einzelnen Kommunikationsinstrumente ist es möglich, ein klares widerspruchsfreies und glaubwürdiges Bild vom Unternehmen zu vermitteln, um so auch eine leichtere Wiedererkennung zu erreichen. Die immer größer werdende Unternehmensdichte auf dem Markt sowie die Informationsflut, derer sich der Mensch heutzutage stellen muss, haben zur Folge, dass nur noch auf persönliche Eindrücke basierende Informations-Fragmente aufgenommen werden und über das letztendliche Handeln entscheiden (vgl. Kirchner 2003: 33).

Bei der Zielsetzung der Integrierten Kommunikation geht Bruhn (vgl. 2009: 24) von zwei Phasen aus:

Entwicklungsphase: - Vermeidung von Doppelarbeiten sowie bessere Koordination der Kommunikationsabteilungen

- Erstreben von Effizienzsteigerung in der Kommunikationsarbeit sowie Nutzung von Synergieeffekten

- Somit indirekte Verbesserung der Motivation und Identifikation der Mitarbeitenden

Wirkungsphase: - Ausrichtung auf Kommunikationseffektivität

- Potenzierte Kommunikationswirkung durch das Zusammenwirken der einzelnen Kommunikationsinstrumente

- Dadurch eindeutige Wahrnehmung des Unternehmens- bzw. Markenbildes bei den Zielgruppen

- Kommunikative Differenzierung im Wettbewerb

- Erzeugung von Lerneffekten der Kommunikationsbotschaften bei den Zielgruppen

Fest steht, dass der wirtschaftliche Erfolg eines Unternehmens maßgeblich von seinem Kommunikationsverhalten abhängt. Insofern haben sich daraus fünf Aufgabenbereiche mit entsprechenden Zielsetzungen der Integrierten Unternehmenskommunikation ergeben und sollen in einem Gesamtüberblick (Tabelle 9) aufgezeigt werden:

Tabelle 9: Aufgaben und Ziele der integrierten Unternehmenskommunikation
Quelle: Eigene Darstellung nach Odermatt und Frank 2006: 35

Aufgaben der Integrierten Unternehmenskommunikation		Ziele der Integrierten Unternehmenskommunikation	
planerische	Kommunikationsstrategieformulierung in einem Down-up-Planungsprozess	psychographische	Einheitliches, positives und leicht einzuprägendes Unternehmenserscheinungsbild
	Ziele, Bezugsgruppen, Strategien, Instrumente und Kontrollmaßnahmen festlegen		Reduzierung der Informationsüberlastung der Adressaten
	Projektorganisatorische Involvierung der Kommunikationsabteilungen		Differenzierung des Unternehmens und Steigerung des Markenwertes
organisa torische	Anpassung der Aufbauorganisation der Unternehmenskommunikation		Intensivierung der Beziehungen zu den Bezugsgruppen
	Anpassung der Ablauforganisation der Unternehmenskommunikation		Erhöhung der Motivation und Identifikation der Mitarbeitenden

Aufgaben der Integrierten Unternehmenskommunikation		Ziele der Integrierten Unternehmenskommunikation	
	Aufhebung der Isolation der einzelnen Kommunikationsabteilungen		Verbesserung der Koordination und Kooperation zwischen den Abteilungen
personelle	Förderung der Integrationsfähigkeit und Integrationsbereitschaft der Mitarbeitenden	**ökonomische**	Optimierung der Ressourcenallokation
	Steigerung der Kooperations- und Koordinationsbereitschaft der Mitarbeitenden		Realisierung von Synergieeffekten
	Vermittlung der Notwendigkeit und der Vorteile der Unternehmenskommunikation		Kostensenkung und Umsatzsteigerung

Mit dem Konzept der integrierten Unternehmenskommunikation verbindet sich die Hoffnung, dass die differenzierten Kommunikationsbereiche durch das Nutzen von Synergien sowie der Zusammenlegung von Ressourcen mehr Wirkung mit weniger Mitteln erreicht wird (vgl. Kirchner 2003: 33). Weiter hebt Zerfaß (2006: 312) hervor, dass die Integrationsziele nur dann erreicht werden können, „wenn das Kommunikations-management die Bedingungen für eine Harmonisierung disparater Kommunikations-handlungen schafft".

3.4.4 Ökonomische Aspekte

Die konsequente Ausrichtung sämtlicher Kommunikationsinstrumente zeigt während der Entwicklungs- und Wirkungsphase der Integrierten Kommunikation ökonomische Wirkungen. Als Erstes seien hier aus unternehmensinterner Sicht die sinkenden Kosten bei der Entwicklung von Kommunikationskampagnen erwähnt. Aus externer Sicht wird die Wirkung durch die Steigerung der Absatzzahlen deutlich.

Gleichzeitig verweist Bruhn (vgl. 2009: 24) darauf, dass aufgrund der Schwierigkeiten in der Erfolgskontrolle der Integrierten Kommunikation, vor allem mit Blick auf die Evaluation einzelner Kommuni-kationsmaßnahmen, der Nachweis eines Zusammenhangs zwischen monetären Größen und Kommunikationsaktivitäten problematisch ist.

Als ökonomische Zielsetzungen wären die optimale Verwendung von Ressourcen (siehe auch Punkt 2.5.3) entsprechend der differenzierten Verwendungsmöglichkeiten, die Realisierung von Synergieeffekten und die damit einhergehende Verwendung von Kostensenkungspotenzialen sowie die Steigerung des Umsatzes zu nennen. Der Vorteil ökonomischer Zielgrößen liegt darin, dass sie durch wirtschaftliche und monetäre Werte exakt quantifizierbar bzw. messbar sind. Die Abstimmung zwischen den Kommunikationsabteilungen und Nutzung externer Kommunikationsdienstleistungen, beispielsweise, lassen sich durch straffere Koordination auf ein Minimum reduzieren (vgl. Odermatt und Frank 2006: 29).

3.4.5 Chancen und Risiken

Entscheidet sich eine Organisation für die Umsetzung der Integrierten Kommunikation, so hat sie damit die potenzielle Chance, sich bei seinen internen und externen Bezugsgruppen als in sich konsistent und glaubwürdig zu präsentieren. Mit der Ausrichtung sämtlicher Kommunikationsinstrumente auf eine einheitliche, die Corporate Identity inkludierende Außendarstellung erwächst die Chance, sich langfristig der unternehmerischen Zielsetzung entsprechend auf dem Markt zu positionieren. Nicht nur der Wiedererkennungswert steigt, sondern auch die Glaubwürdigkeit sowie das Vertrauen bei sämtlichen Bezugsgruppen. In der Folge werden Handlungsspielräume erweitert und durch die intelligente und effiziente Vernetzung der Kommunikationsinstrumente Kosten reduziert bzw. optimiert. Mit der Integrierten Kommunikation wird Organisationen die Chance geboten, sich intensiv mit sich selbst und den Unternehmenszielen auseinanderzusetzen und die Unternehmensphilosophie bis hin zur Unternehmenskultur positiv zu lenken. Es wird die Möglichkeit geboten, die Kommunikation zielgruppengerecht zu lenken und anzupassen. Dabei spielt die Seite des Marktes eine nicht unerhebliche Rolle, indem er strategische Chancen durch die Weiterentwicklung, Steigerung des eigenen Marktanteils sowie Beibehaltung der Alleinstellung der Produkte bietet (vgl. Kiepert et al. 2010: 55f.).

Diese sich ständig verändernden Parameter des Marktes macht es Unternehmen nicht einfacher, sich auf die Anforderungen der Zielgruppen schnell einzustellen und zu reagieren. Der Markt birgt Risiken, denen sich Unternehmen bei der Einführung der Integrierten Kommunikation stellen müssen, um bedarfsgerecht, konkurrenzbewusst und entsprechend der Unternehmensdichte kommunizieren zu können. Dies erfordert eine detaillierte Analyse und Bewertung der Unternehmensposition, um so die zukünftige Ausrichtung mit nachhaltigem Erfolg gewährleisten zu können. Die Gefahr liegt in Fehlentscheidungen (siehe Tabelle 10), die sich aus Zeitgründen langfristig schwer korrigieren lassen (vgl. Kiepert et al. 2010: 57; vgl. Herbst 2003: 144).

Tabelle 10: Gefahren der Integrierten Kommunikation
Quelle: Eigene Darstellung nach Herbst 2003: 144

Gefahren
• Mangelnde Zielformulierung, insbesondere in der Kommunikation • Stetig zunehmende Komplexität der Erfolgskontrolle • Fehlende Abstimmungs- und Entscheidungsregeln • Zeitintensive interne Abstimmungsprozesse • Inhaltlich und formal monotone Zielgruppenansprache • Ineffektive und ineffiziente Vernetzung der Kommunikationsinstrumente

Zusätzlich liegen in der Weitergabe der Zielformulierungen an die entsprechenden zuständigen Ressourcen aus Zeitmangel Gefahren, derer sich dezentral agierende Organisationen gewahr sein sollten. Auch hier ist die Schärfung in der Koordination der Inhalte und Ressourcen erforderlich.

3.4.6 Barrieren und Grenzen

Das Studium der wissenschaftlichen Literatur fördert zu Tage, dass es bis heute schwierig ist, Integrierte Kommunikation in Unternehmen durchzuführen. Trotz der in der Einheitlichkeit liegenden Vorteile (siehe Tabelle 11) stoßen Kommunikationsfachleute immer wieder auf Widerstände, die ein im Sinne der Integrierten Kommunikation stehendes Handeln fast unmöglich machen.

Tabelle 11: Vor- und Nachteile der Integrierten Kommunikation (Zusammenfassung)
Quelle: Eigene Darstellung nach Bruhn 2009: 415

Vorteile	Nachteile
• Bessere Wiedererkennung von Botschaften und Zielgruppen • Erhöhung der Akzeptanz und Glaubwürdigkeit der Kommunikation • Vermeidung von Widersprüchen in der Kommunikation • Abbau kommunikationsbedingter Widersprüche im Unternehmen • Identifikation und Motivation von Mitarbeitenden • Effizienzsteigerung des Kommunikationsbudgets • Wettbewerbsprofilierung durch die Kommunikationsarbeit	• Gefahr der monotonen inhaltlichen und formalen Zielgruppenansprache • Negative Synergieeffekte bei „fehlerhafter" Kommunikation • Mangelnde Flexibilität und Anpassungsfähigkeit in der Kommunikation • Einschränkungen der Kreativität der Kommunikationsexperten im Unternehmen • Zunehmende Komplexität von Wirkungsanalysen und Erfolgskontrollen bei den einzelnen Kommunikationsinstrumenten und der Gesamtkommunikation

Dies, obwohl Bruhn (vgl. 2009: 415) ausführt, dass die Mehrheit der Befragten (78 Prozent) im Rahmen seiner Studie zum Stand der Integrierten Kommunikation im deutschsprachigen Raum in der betrieblichen Praxis nur sehr geringe Nachteile der Integrierten Kommunikation feststellen. Wenn überhaupt Gefahren gesehen würden, ergab die Umfrage, dann eher im Bereich des erhöhten Zeitbedarfs durch die dadurch entstehenden internen Abstimmungsprozesse, negativer Synergieeffekte bei fehlerhafter Kommunikation, uniformer bzw. monotoner Kommunikation oder etwaiger Kreativverluste bei den Mitarbeitenden.

Welche Barrieren und Widerstände bei der Umsetzung eine Rolle spielen, systematisiert Bruhn (vgl. 2009: 97ff.) nach inhaltlich konzeptionellen, organisatorisch-strukturellen sowie personell-kulturellen Kriterien. Gleichzeitig ergänzt Bruhn seine Studien um länder-übergreifende empirische Befunde, um so länderspezifische Besonderheiten der Barrieren zu verdeutlichen.

3.4.6.1 Inhaltlich-konzeptionelle Barrieren

Als größte Barriere stellt Bruhn (vgl. 2009: 99) die Erfolgskontrolle heraus. Auch wenn sich das Bewusstsein über die Notwendigkeit der Erfolgsmessung bei den Unternehmen mittlerweile auf 52 Prozent erhöht hat, so liegen die Schwierigkeiten der Erfolgskontrolle in den voneinander abhängigen Wirkungen der aufeinander abgestimmten Kommunika-tionsinstrumente.

Ein weiteres gravierendes Problem ist die *Umsetzung* von Integrierter Kommunikation, da die „unvollständige Integration aller Kommunikationsinstrumente nach wie vor als eine bedeutende Barriere eingeschätzt" (Bruhn 2009: 99) wird. Im Besonderen kommt hier die Schwierigkeit bei der Verknüpfung einzelner Kommunikationsinstrumente zum Tragen (vgl. ebenda).

Die *Zielformulierung* und *Zielgruppenerfassung* wird mittlerweile eher unproblematisch angesehen. Während sich das Vorliegen eines *Integrierten Kommunikationskonzeptes* als fortschrittlich erweist. Dies liegt inzwischen bei 66 Prozent der Unternehmen vor, ohne dabei Aussagen über Eigenschaften und Inhalte der Konzepte treffen zu können. Ledig-lich 40 Prozent der Unternehmen führen Probleme auf die *Budgetverteilung* zurück (vgl. Bruhn 2009: 98).

Mit Blick auf international tätige Unternehmen erweitert Bruhn (vgl. 2009: 282) seine Ansätze zur Organisation der Integrierten Kommunikation bezüglich der inhaltlich-konzep-tionellen Barrieren wie folgt:

- Mangelnde Beachtung von Unternehmensgrundsätzen und -leitlinien in den Toch-tergesellschaften

- Fehlende weltweit gültige Kommunikationsrichtlinien oder -regeln

- Vernachlässigung einer international einheitlichen internen Kommunikation

- Zielkonflikte zwischen Produkt- und Kommunikationsfachleuten in den unterschiedlichen Ländern

- Unterschiedliche Nutzenerwartungen und Informationsbedürfnisse der Zielgruppen in den verschiedenen Ländern

- Nichtverfügbarkeit von Kernmedien in den einzelnen Ländern

3.4.6.2 Organisatorisch-strukturelle Barrieren

Das Fehlen *institutioneller und formeller Abstimmungs- und Entscheidungsregeln* kristallisierte sich bei 44 Prozent als wesentliches Problem heraus, womit die organisatorische Trennung von Kommunikationsverantwortlichen bzw. Kommunikationsabteilungen (Werbung, Marketing, Sponsoring, interne Kommunikation usw.) deutlich wird. Dies erschwert interne Abstimmungswege und führt zur Feststellung, dass es an der Zusammenarbeit zwischen den Kommunikationsabteilungen mangelt. Die Ursachen hierfür liegen in dem Wunsch nach *Eigenständigkeit* begründet: Sie behindern die einheitliche Ausrichtung der Kommunikationsinstrumente. Eben diese meist langwierigen und komplizierten *formalen und informalen Abstimmungsprozesse* werden als zeit- und kostenaufwändig empfunden (vgl. Bruhn 2009: 100f.).

Aufgrund des fehlenden reibungslosen Zusammenspiels der Kommunikationsabteilungen wird weiterhin konstatiert, dass es zu einem *Mangel an Daten* zur Beurteilung der Integrierten Kommunikation kommt, was wiederum Auswirkungen auf die Möglichkeiten der Erfolgskontrolle hat. Darüber hinaus hat der mangelnde Informationsaustausch innerhalb der Abteilungen auch Auswirkungen auf die Ausrichtung der Kommunikationsinstrumente. Hintergrund sind die sehr heterogenen Zielgruppenbedürfnisse, die untereinander abgestimmt werden müssen (vgl. ebenda).

Eine weitere Barriere stellt die fehlende, für die Integrierte Kommunikation *verantwortliche Instanz* dar. Bei einem Großteil der Unternehmen liegt die Planung, Konzeption und teilweise auch Umsetzung in sehr verstreuten Zuständigkeiten, was von 30 Prozent der Befragten als Problem für die Integrierte Kommunikation definiert wird (vgl. Bruhn 2009: 100f.).

Als besonderes Problem erfährt nach Bruhn (2009: 102) „Integrierte Kommunikation bei stark diversifizierten und divisional strukturieren sowie bei überregional bzw. international tätigen Unternehmen". Hierbei gaben 43 Prozent der befragten Unternehmen an, dass besonders die kommunikative Integration von Tochtergesellschaften und deren

Eigenständigkeit in der Führung Auswirkungen auf eine umfassende Durchsetzung der Integrierten Kommunikation hat. Besonders bei voneinander unabhängigen und auf unterschiedlichen Märkten operierenden Unternehmensbereichen wird eine einheitliche Integrierte Kommunikation für unerwünscht gehalten, da die unterschiedlichen Betätigungsfelder nicht unter ein gemeinsames Dach gestellt werden können (vgl. ebenda).

Als weitere Barriere stellte sich nach Bruhn (vgl. 2009: 102f.) die mangelnde Zusammenarbeit mit *Kommunikationsagenturen* heraus. Befragungen in Österreich und der Schweiz brachten Kritiken bezüglich fehlenden Fachwissens um die Entwicklung erfolgreicher Integrierter Kommunikationskonzepte hervor bis hin zum Wunsch nach größerer Bereitschaft der Agenturen zur Zusammenarbeit und Abstimmung.

Was für international agierende Organisationen (vgl. Bruhn 2009: 283) gilt:

- Strukturabweichungen in der Organisation zwischen Mütter und Töchtern
- Hoher Autonomiegrad der Organisationseinheiten im Ausland
- Mangelnde Beteiligung der Töchter an der Konzeptionierung einer Integrierten Kommunikation
- Unterschiedliche organisatorische Strukturierung der Kommunikationsfachabteilungen
- Probleme der Einbeziehung rechtlich selbstständiger Einheiten (z. B. Vertriebspartner)
- Vielzahl verschiedener nationaler Kommunikationsagenturen

3.4.6.3 Personell-kulturelle Barrieren

Nach Bruhn (vgl. 2009: 103f.) existieren personell-kulturelle Barrieren infolge *organisatorisch-struktureller Defizite*. Gut die Hälfte der befragten Unternehmen macht hierfür vor allem das ausgeprägte Bereichs- bzw. Abteilungsdenken verantwortlich (in Form von geringer Kooperations-, Informations- und Koordinationsbereitschaft) und die daraus folgende Trennung der Kommunikationsfachleute bzw. Kommunikationsabteilungen. Auch erschweren die oft gegensätzlichen Kommunikationskulturen der unterschiedlichen Abteilungen (Marketing, Personalabteilung, PR-Abteilung bzw. Vertrieb) das Denken im Sinne der Integrierten Kommunikation und führen oft ob der vorhandenen Vorurteile untereinander zu sog. „Grabenkämpfen".

Darüber hinaus wird Integration der Kommunikation durch die Uneinigkeit der Managenden in den unterschiedlichen Bereichen und Hierarchiestufen erschwert. Gerade die *Angst* um den Verlust von Entscheidungsfreiheiten oder Kompetenzverlusten bis hin zur Verteilung von Kommunikationsbudgets trägt zu diesem Bereichsdenken bei. Bei 30 Prozent der befragten Unternehmen wird auch die Angst vor verstärkter Kontrolle, durch evtl. steigende Einblicke in eigene Bereiche, genannt (vgl. Bruhn 2009: 104f.).

Fortschritte lassen sich hingegen im Bereich *Wissen* bezogen auf die Bedeutung der Integrierten Kommunikation feststellen. Gleichzeitig wird betont, dass es „offensichtlich bedeutende Unterschiede zwischen dem Verständnis auf Führungsebene (27 Prozent konstatieren ein lückenhaftes Verständnis im Hinblick auf die Integrierte Kommunikation) und im mittleren Management (44 Prozent) herrschen" (Bruhn 2009: 105).

Was sich auf der einen Seite als organisatorisch-strukturelle Barriere in Form von Datenmangel herausstellte, brachten ganze 46 Prozent der Unternehmen als gegensätzliche Schwierigkeit das Problem der *Informationsüberlastung* als Integrationsbarriere an. Deutlich wird dadurch, dass es neue Regeln und Prozesse für den Umgang und die Organisation der Informationsflut innerhalb der beteiligten Kommunikationsfachleute sowie -abteilungen erfordert. Das Problem hierbei sind weniger das Erheben sämtlicher Informationen, sondern vielmehr das fehlende Know-how, wie diese zu filtern, zu organisieren oder zu nutzen sind (vgl. Bruhn 2009: 105).

Bruhn (vgl. 2009: 283) definiert personell-kulturelle Barrieren für international agierende Organisationen wie folgt:

- Autonomiestreben der Managenden von Tochtergesellschaften
- „Not-Invented-Here"-Syndrom von Führungskräften und Mitarbeitenden in den Tochtergesellschaften
- Kulturelle Unterschiede im individuellen Kommunikationsverhalten (psychologische Barrieren, fachspezifische Unterschiede)
- Mangelndes Verständnis für die Notwendigkeit zur Integration in den Tochtergesellschaften
- Angst vor Kompetenzverlust in den Tochtergesellschaften
- Wenig Einbindung und Austausch zwischen in- und ausländischem Management

Nach Kenntnis der Verfasserin lassen sich **Grenzen** ausschließlich im Bereich der Erfolgskontrolle ausmachen.

Durch die Ausrichtung bzw. Verknüpfung der zur Erreichung des Kommunikationsziels notwendigen Kommunikationsinstrumente lässt sich die Messung des Erfolgs nicht ausschließlich einem Instrument zuordnen. Je mehr Einzelinstrumente dem Gesamtkonzept der Integrierten Kommunikation untergeordnet werden, desto schwerer wird die

Zuordnung von Erfolgen/Misserfolgen von einzelnen Instrumenten (vgl. Busch, Dögl und Unger 2001: 409).

Nach Bruhn (vgl. 2009: 99) ist die Erfolgskontrolle das größte Problem bei der Integrierten Kommunikation, 65 Prozent der befragten Unternehmen bemängelten diesen Zustand. Das Bewusstsein für die Notwendigkeit der Erfolgsmessung ist zwar in den letzten Jahren stark angestiegen, jedoch liegen die größten Schwierigkeiten bei der Messung der voneinander abhängigen Wirkungen bei aufeinander abgestimmten Kommunikations-instrumenten. Die Schwierigkeit des Erfolgsnachweises ist bei einzelnen Kommunika-tionsinstrumenten und -maßnahmen schon schwierig, was aber nicht das Problem der Integrierten Kommunikation, sondern ein „generelles Problem der Kommuni-kationsforschung" (Bruhn 2009: 99) ist.

3.5 Zusammenfassung

Zusammenfassend wird deutlich, dass es zwar Fortschritte bei der Integration der Kommunikation gibt, gleichzeitig wird offenkundig, dass es nach wie vor große Barrieren bei der Umsetzung und Erfolgskontrolle gibt. Grundlage für diese Annahmen sind die in der Literatur zu findenden Erhebungen bei kleinen und mittelständischen Unternehmen. Gerade das fehlende Verständnis für andere Kommunikationsabteilungen (Abteilungs-denken), starre Organisationsstrukturen und fehlender Informationsaustausch erschweren die Integrierte Kommunikation doch sehr, obwohl man die Barrieren klar identifiziert hat.

Ein Bewusstsein für diese Hürden ist derzeit noch nicht weitläufig existent. Auch fehlt es an Wissen um die Inhalte der Integrierten Kommunikation. Vor dem Hintergrund des Forschungsansatzes sowie der Erhebungen des zweiten Kapitels lassen sich im dritten Kapitel Ansätze aufdecken, die für Non-Profit-Organisationen Chancen für die Umsetzung der Integrierten Kommunikation bieten.

Zum einen ließ sich durch die Erhebung entscheidender Modelle der Integrierten Kommunikation ein für Non-Profit-Organisationen relevantes und alle Kommuni-kationsdisziplinen berücksichtigendes Modell herauskristallisieren (Abschnitt 3.3). Deutlich wurde bei der Auseinandersetzung mit den durch die aus unterschiedlichsten Perspektiven betrachteten Modelle, dass sich der kommunikative Anspruch in den letzten Jahren sehr verändert hat und der Trend mit Blick auf die Markterfordernisse eher in die Richtung geht, dass sich die Grenzen zwischen den Kommunikationsdisziplinen Marketing und PR aufheben.

Hinzu kommt, dass der immer schneller wachsende Markt und der damit verbundene Konkurrenzkampf um Aufmerksamkeit ein Umdenken in den Organisationen notwendig macht. Die Vermittlung von Zielen, der Konsens über das weitere Vorgehen von Unternehmen bis hin zur Integration von Wissen in die Entscheidungen stehen dabei im Mittelpunkt. Erforderlich für den Erfolg der Integrierten Kommunikation ist hierbei u.a. die Formulierung einer Kommunikationsstrategie, ausgerichtet auf die angestrebte Positionierung des Unternehmens und in Folge die Ausrichtung sämtlicher Kommunikationsaktivitäten (siehe S. 50).

Um diesen Anforderungen gerecht zu werden, haben mit Blick auf den Forschungsansatz im Besonderen die Ressourcen von (dezentral agierenden) Non-Profit-Organisationen Bedeutung. Denn gerade Aspekte wie Zeit- und Kosteneffizienz sind Bedingungen, derer sich Non-Profit-Organisationen stellen müssen. Entsprechend konnte unter Punkt 3.4.1 das Erfolgspotenzial im Faktor Mitarbeitende herausgearbeitet werden. Ein Aspekt, der auch in der täglichen Arbeit in Non-Profit-Organisationen geschärft werden sollte, da es sich herausgestellt hat, dass fast die Hälfte der Ressourcen eines Unternehmens nicht genutzt werden. Im Ergebnis sind Ressourcen in den Abstimmungsbereichen interne und externe Unternehmenskommunikation, Organisationsstruktur sowie Corporate Identity/Cross Media zu erschließen, um den Erfolg der Integrierten Kommunikation sicherzustellen.

Ein weiterer wesentlicher Aspekt ist das Bezugsgruppen-Management (Punkt 3.4.2). Nicht nur bei kleinen und mittelständischen Unternehmen ein wichtiger Punkt, sondern vor allem bei Non-Profit-Organisationen. Entsprechend ihrer Aufgabenstellungen setzen sie sich mit einer Vielfalt von Anspruchsgruppen auseinander, die über die kleiner und mittelständischer Unternehmen hinaus reichen.

Die Bedeutung des organisatorischen Umfelds und die damit einhergehende erforderliche Sensibilität im Umgang mit den Zielgruppen konnte beleuchtet werden. So haben sich Non-Profit-Organisationen in Abhängigkeit von Geldgebenden ihren organisatorischen Zielen zu widmen, was sie täglich vor existenzielle Herausforderungen stellt. Hinzu kommt der Aspekt, dass besonders im Dritten Sektor der immaterielle Nutzen der Bezugsgruppen vordergründig ist, anders als bei gewinnorientierten Unternehmen.

Die intensive Auseinandersetzung mit der wissenschaftlichen Literatur zum Thema Integrierte Kommunikation (Kapitel 3) sollte darüber hinaus die Machbarkeit der Integrierten Kommunikation in Non-Profit-Organisationen herauskristallisieren. Somit lässt sich festhalten, dass das Ziel der Integrierten Kommunikation, die Schaffung eines einheitlichen, konsistenten Erscheinungsbildes, durchaus auch in Non-Profit-

Organisationen erreicht werden kann. Im Besonderen deshalb, da die gemeinwesen-bezogene Zielsetzung und soziale Ausrichtung bis hin zum Engagement der Mitarbeitenden dieser Organisationen ein besonderes Merkmal ist und sich somit die Barrieren bei der Umsetzung der Integrierten Kommunikation als geringer darstellen. Dies unterscheidet sich zu gewinnorientierten Unternehmen insofern, als dass allein die Anspruchshaltung bei den Mitarbeitenden zu deutlich mehr Schwierigkeiten bei der Umsetzung der Integrierten Kommunikation führen.

4 Zusammenfassung des Theorieteils und Operationalisierung der Forschungsfrage

Zusammenfassend lässt sich formulieren, dass Non-Profit-Organisationen sich in einem großen Umwandlungsprozess befinden. Der zunehmende Rechtfertigungsdruck, knappe finanzielle und personelle Ressourcen, Wertewandel, komplexere Beziehungen und Ansprüche der Bezugsgruppen zwingen den Dritten Sektor zur Professionalisierung. Darüber hinaus wird es immer schwieriger, in den Zeiten der Informationsflut Aufmerksamkeit für die Organisationsziele zu gewinnen.

Um dieses Dilemma zu lösen, wird es erforderlich zu identifizieren, welches die Hebel bzw. Erfolgsfaktoren sind, die das Erreichen von Spitzenleistungen sowie Stärke der Organisation fördern. Die Abgrenzungsmerkmale zu gewinnorientierten Unternehmen führten ein Alleinstellungsmerkmal vor Augen, nämlich das der sehr heterogenen Mitarbeitenden, insbesondere die Nutzung des Potenzials der Ehrenamtlichen, welche in einer Vielzahl vorhanden sind.

Als strategische Besonderheiten haben sich die Grundeinstellungen und Motivationen der Mitarbeitenden in Non-Profit-Organisationen herauskristallisiert (Punkt 2.5.2). Ehrenamtliche ermöglichen der Organisation die Zielerreichung, indem sie sich freiwillig und eigenständig als helfende Hand zur Verfügung stellen. Auf der Suche nach Selbstverwirklichung engagieren sich Mitarbeitende in Non-Profit-Organisationen entsprechend ihrer Berufung, ihren ideellen Werten und ihrer Motivation. Somit ließ sich der Aspekt der Selbstverwirklichung als ein wesentlicher Nutzen für Non-Profit-Organisationen erheben, welcher strategisch gezielt genutzt werden sollte.

Darüber hinaus ist ein ganz wesentlicher Faktor das vorhandene Wissen (Punkt 2.5.4) in einer Organisation und dessen zielgerichtete Nutzung. Entsprechend wurde der Fokus dieser Untersuchung auf das Potenzial Mitarbeitender mit Blick auf die Qualifikation und somit das existierende Wissen gelenkt. Um möglichst viele Ressourcen nutzen zu können, sollte entsprechend eine Schärfung in der Koordination der Mitarbeitenden entsprechend des Wissens stattfinden, damit zum einen grundsätzlich Ressourcen für die Organisationsarbeit generiert, zum anderen Möglichkeiten zur Umsetzung der Integrierten Kommunikation geschaffen werden.

Vor dem Hintergrund der bisher gewonnenen Erkenntnisse können die nachfolgenden Faktoren festgehalten werden, die die Umsetzung der Integrierten Kommunikation in dezentral agierenden Non-Profit-Organisationen möglich erscheinen lassen:

(1) Die Umsetzung der Integrierten Kommunikation ist dann möglich, wenn die Ressourcen der Organisation gezielter geborgen werden.

(2) Das Potenzial hierfür liegt bei den Mitarbeitenden, und zwar in ihren Qualifikationen. Diese müssen erhoben werden.

(3) Ist das Wissen erhoben, ist durch konsequente Steuerung von Spezialisten Integrierte Kommunikation möglich.

(4) Für diese Steuerung sollte ein/eine KommunikationsmanagerIn berufen werden.

(5) Die für gewinnorientierte Unternehmen geltenden Barrieren bei der Umsetzung der Integrierten Kommunikation existieren bei Non-Profit-Organisationen in diesem Ausmaß nicht. Dies spricht auch für die Möglichkeit der Umsetzung der Integrierten Kommunikation in Non-Profit-Organisationen.

Operationalisierung der Forschungsfrage

Auf Grundlage der theoretischen Aspekte des zweiten Kapitels wurde geprüft, in wieweit sich die aufgestellte Forschungsfrage (Kapitel 1), *welche Grenzen und Möglichkeiten es für die Umsetzung der Integrierten Kommunikation in dezentral agierenden Non-Profit-Organisationen im Bereich Umwelt und Natur gibt,* beantworten lässt. Entsprechend wurden drei Hypothesen (H) generiert, deren zugrunde liegenden bisherigen theoretischen Vorüberlegungen nun diskutiert und mit Hilfe der empirischen Forschung überprüft werden sollen:

H[1]) Die Mitarbeitenden und damit die Ressourcen einer Non-Profit-Organisation sind äußerst heterogen, jedoch nicht in vollem Umfange erfasst.

Angenommen wird, dass sich die Mitarbeitenden einer Non-Profit-Organisation äußerst heterogen zusammensetzen und aufgrund der fehlenden Zeit nicht vollumfänglich erfasst sind. Diese Hypothese kann als grundlegend betrachtet werden, da sich zum einen von ihr alle weiteren Hypothesen ableiten und zum anderen den Kern des Forschungsansatzes unterstreicht. In den Abschnitten 2.4 und 2.5 konnte dargelegt werden, dass sich Non-Profit-Organisationen derzeit in einem Umwandlungs- und Professionalisierungsprozess befinden und über eine äußerst heterogene Gruppe von Mitarbeitenden verfügen. Darüber hinaus konnte mit den Erhebungen unter Punkt 2.5.4 bestätigt werden, dass mehr als die Hälfte des verfügbaren Wissens in Unternehmen nicht genutzt wird.

H^2) Die Barrieren bei der Umsetzung der Integrierten Kommunikation in gewinnorientierten Unternehmen existieren aufgrund der personellen Grundstruktur in Non-Profit-Organisationen nicht.

Hypothese H^2 leitet sich aus den Vorüberlegungen ab, dass es durch die mangelnde Erfassung der Mitarbeitenden und deren Steuerung zu Barrieren in der Umsetzung der Integrierten Kommunikation kommen kann. Durch die Erhebung der wissenschaftlichen Literatur mit Blick auf die Abgrenzungsmerkmale (Abschnitt 2.4) und im Besonderen der Wesensmerkmale der Non-Profit-Organisationen konnte jedoch bestätigt werden, dass die derzeit als größten Hürden diskutierten Problemstellungen bei der Umsetzung der Integrierten Kommunikation bei gewinnorientierten Unternehmen (Punkte 3.4.6 sowie 3.4.1.2) auf Seiten der Non-Profit-Organisationen in der Ausprägung nicht existieren.

H^3) Das Konzept der Integrierten Kommunikation ist in Non-Profit-Organisationen weitestgehend bekannt.

Die dritte Hypothese leitet sich aus den Vorüberlegungen ab, dass das Konzept der Integrierten Kommunikation bei Non-Profit-Organisationen grundsätzlich bekannt, jedoch aufgrund der mangelnden Erfassung der Ressourcen schwierig umzusetzen ist. Diese Hypothese zur Bekanntheit der Integrierten Kommunikation bei Non-Profit-Organisationen wurde induktiv gebildet, was mit dem explorativen Design dieser Studie zusammenhängt. Grund dafür ist der Mangel an repräsentativen wissenschaftlichen Untersuchungen, die über Bachelor- bzw. Diplomarbeiten hinausgehen. Deshalb kann nicht auf bestehende Theorien resp. Forschungsergebnisse zurückgegriffen werden. Dennoch ließen sich tendenzielle Aussagen zur Bekanntheit der Integrierten Kommunikation in Non-Profit-Organisationen erheben und sollen vor dem Hintergrund des vorliegenden Forschungsansatzes empirisch erforscht werden.

Auf Basis dieser fundierten theoretischen Erkenntnisse wurden Fragen für einen Online-Fragebogen entwickelt, um mittels empirischer Erhebungen zu erforschen, inwieweit die Erkenntnisse der Literatur sich bestätigen oder widerlegen lassen, bzw. in der alltäglichen Praxis umsetzbar sind.

5 Empirische Untersuchung

Die Ausführungen dieses Forschungsteils legen die Grundlagen für die Schluss-betrachtung im sechsten Kapitel. Die quantitative Online-Befragung soll Antworten der dieser Arbeit zugrundeliegenden **Forschungsfrage** generieren:

Welche Grenzen und Möglichkeiten gibt es für die Umsetzung der Integrierten Kommunikation in dezentral agierenden Non-Profit-Organisationen im Bereich Umwelt und Natur?

In Anlehnung an Bortz (2005) sollen die theoretischen Erwartungen hinsichtlich der Häufigkeit des Auftretens bestimmter Merkmale begründet werden. Mit dieser Form der Befragung war es möglich, sich ein Bild über die Organisationsarbeit zu verschaffen und für diese Studie zu nutzen.

Nach Schumann (vgl. 2011: 1) werden repräsentative Umfragen in aller Regel im Rahmen von empirischen Sozialforschungen durchgeführt, was bedeutet, dass Wahrnehmungen über die Realität akzeptiert werden oder nicht. Mit „quantitativer" Vorgehensweise ist gemeint, dass man versucht, das Auftreten von Merkmalen und ggf. deren Ausprägungen durch Messung (Quantifizierung) zu erfassen.

5.1 Forschungsdesign und Methodenauswahl

Je nach Art der Fragestellung wird zwischen Längsschnitt- (Panel-) bzw. Querschnitt-untersuchungen sowie zwischen Feld- und Laboruntersuchung unterschieden. Für die vorliegende Studie soll eine Felduntersuchung die Daten zur Auswertung liefern. Diese Form der Untersuchung findet einmalig im natürlichen Umfeld statt und liefert realitätsnahe Aussagen (vgl. Bortz 2005: 7).

Der empirische Teil soll mittels quantitativer Befragung von Non-Profit-Organisationen im Bereich Umwelt und Natur primär erforscht werden. Hierzu werden, um der Zielsetzung der vorliegenden Untersuchung gerecht zu werden, Kommunikationsspezialisten und Vorstände der relevanten Organisation personalisiert befragt.

Nach Schumann (2011) zeichnet sich die qualitative Datenerhebung durch eine wesent-lich größere Offenheit und Flexibilität aus. Darüber hinaus geht es auch um das Interpretieren und Verstehen von Zusammenhängen sowie darum, die Wirklichkeit anhand der subjektiven Sicht der Gesprächspersonen abzubilden. Die quantitative Daten-

erhebung hingegen beruht auf einer wesentlich genaueren Erforschung von Zusammenhängen und zahlenmäßigen Ausprägungen.

Die quantitative Forschung eignet sich hingegen durch die standardisierte Befragungen
und die Anwendung statistischer Prüfverfahren eher zum Testen von Forschungs-
annahmen sowie zur Überprüfung statistischer Zusammenhänge. So kommen unterschiedliche Forscher mit denselben Personen zu den gleichen Resultaten und der
Interpretationsspielraum ist geringer als bei offenen Interviews. Hinzu kommt, dass die
Ergebnisse untereinander und mit einer späteren Befragung vergleichbar sind (vgl. Herbst
2003: 116).

Mittels quantitativer Methoden lassen sich zum Beispiel Aussagen über die Grundgesamtheit treffen, während es bei qualitativen Methoden eher um Aussagen über
Einzelfälle geht. Mit Blick auf die Forschungsfrage und die Zielsetzung der Studie wurde
sich daher für die Anwendung einer quantitativen Methode entschieden. Auch, um ein
möglichst repräsentatives Forschungsergebnis zu erzielen, was durch qualitative
Methoden eher nicht gewährleistet ist. Hier geht die Wissenschaft eher davon aus, dass
sich mittels Stichproben typische EinzelvertreterInnen herauskristallisieren lassen.

Ziel dieser Befragung ist es, ein möglichst repräsentatives Bild der Arbeitsabläufe und
Struktur der Organisationen zu bekommen. Die Ergebnisse der Befragung bilden die
Basis zur Beantwortung der Frage, inwiefern Integrierte Kommunikation in Non-Profit-
Organisationen möglich ist.

Als Erhebungsmethode wurde die schriftliche Befragung in Anlehnung an Porst (2011) mit
Hilfe eines standardisierten Online-Fragebogens gewählt. Der Online-Fragebogen sollte
geschlossene Fragen enthalten, da der zu untersuchende Sachverhalt bekannt ist und es
im Grunde um eine Gewichtung der möglichen Antworten geht. Hinzu kommt, dass diese
Fragestellungen die Durchführungs- und Interpretationsobjektivität steigern.

5.2 Festlegung der Grundgesamtheit

Es ist schwierig, die Grundgesamtheit der dezentralisiert agierenden Non-Profit-
Organisationen aus allen Organisationen im Bereich Umwelt und Natur in Deutschland zu
definieren, da dieses Merkmal nicht explizit ausgewiesen ist. Laut Deutschem Vereinsregister sind im Jahr 2011 580.298 eingetragene Vereine in Deutschland (vgl. Deutsches
Vereinsregister 2012) registriert. Für die vorliegende Studie wird das zu untersuchende

Gebiet auf die Branche Natur und Umwelt eingegrenzt. Somit wurden 500 eingetragene Vereine in Deutschland unter Zugrundelegung des Vereinsregisters untersucht.

Die Herausforderung bei der Erhebung bestand darin, die Anzahl der dezentralisiert agierenden Non-Profit-Organisationen herauszukristallisieren. Somit konnte erst durch das Ergebnis der Befragung die für die vorliegende Studie relevante Grundgesamtheit herausgestellt werden.

Gleichzeitig wurde versucht, aus den gesamten Befragungsergebnissen einen Mehrwert aus der Arbeit der nicht-dezentral agierenden Non-Profit-Organisationen im Vergleich zu dezentral agierenden zu erkennen. Dabei wurde dem vorliegenden Kontext folgende Definition zugrunde gelegt: Dezentralisierte Organisationen können vollständig oder teilweise dezentralisiert sein. Vollständig dezentralisierte Organisationen haben keine Zentrale sowie viele verstreute Standorte/Mitarbeitende. Teilweise dezentralisierte Organisationen haben eine Zentrale, aber viele verstreute Standorte/Mitarbeitende.

Entsprechend des Forschungsziels wurde der Fokus primär auf vollständig bzw. teilweise dezentral agierende Organisationen gerichtet.

5.3 Durchführung

Zunächst wurde ein anonymisierter Fragebogen mit Fragestellungen entwickelt, der möglichst viele Antworten zur Forschungsfrage liefert. Zur besseren Orientierung wurde der Fragebogen in vier Themenblöcke unterteilt: Organisation und Kommunikation, Integrierte Kommunikation, Kommunikationsarbeit in der Organisation, Soziodemografie.

Des Weiteren wurde der Fragebogen in Anlehnung an Bortz (2005) auf Auswertbarkeit hin kodiert, so dass die Fragestellungen und Antworten numerisch auswertbar waren. Hierzu wurden den Merkmalsausprägungen jeder Variable auf dem Referenzfragebogen Zahlen zugeordnet. Die Auswertung des Fragebogens erfolgte mittels SPSS Statistics für Windows. Daten, die sich nicht numerisch darstellen ließen, wurden nach einem Kategoriesystem ausgewertet. Zur Visualisierung der Daten wurden die Ergebnisse schlussendlich in grafische Diagramme umgewandelt.

ECKDATEN DER BEFRAGUNG	
Erhebungsform	Online-Befragung
Grundgesamtheit	500 Non-Profit-Organisationen im Bereich Natur und Umwelt
Befragte Personen	Geschäftsführende; Kommunikationsfachleute/-verantwortliche
Erhebungsinstrument	Online-Fragebogen mittels SoSci Survey (oFb - der onlineFragebogen)
Befragungszeitraum	5. April bis 19. Juni 2012
Zeitraum Erst-Anschreiben	5. April bis 10. April, personalisiert
Zeitraum Erinnerungsschreiben	28. Mai bis 9. Juni 2012, personalisiert
Ort der Befragung	Deutschland, bundesweit
Auswertung	SPSS Statistics für Windows; textliche Auswertung der nicht numerisch auswertbaren Antworten

Abbildung 2: Eckdaten der Befragung
Quelle: Eigene Darstellung

Die Programmierung des Fragebogens erfolgte mittels Befragungs-Tool SoSci Survey (oFb - der onlineFragebogen). Der Versand des Fragebogens geschah mittels personalisiertem Anschreiben unter Berücksichtigung der Funktion der jeweiligen Person in der Organisation per E-Mail im April 2012.

Pretest

Vor Aussendung an die im Vorfeld definierten 500 Non-Profit-Organisationen im Bereich Natur und Umwelt wurde der Online-Fragebogen einem Pretest mit 16, den Kriterien entsprechenden und nachfolgend benannten, Organisationen durchgeführt:

- Akademie für ökologische Landesforschung e.V., Münster
- Andere Wege Göttingen e.V., Göttingen
- Bergischer Naturschutzverein e.V., Overath
- Bundesverband Bürgerinitiativen Umweltschutz e.V., Bonn
- Bundesverband Ökologie e.V. (BVÖ), Emmelshausen
- Deutsche Stiftung für Umweltpolitik, Bonn
- Deutscher Naturschutzring e.V., Bonn
- Förderverein NaturGut Ophoven e.V., Leverkusen
- Förderverein Ökostadt e.V., Berlin
- Grüne Liga Sachsen e.V., Dresden
- Lorenz Oken Institut e.V. Biologische Station Hotzenwald, Herrischried
- Natur- und Umwelthilfe Goslar e.V., Goslar

- Ökologie-Stiftung Nordrhein-Westfalen, Dortmund
- Schutzgemeinschaft Deutscher Wald Kreisverband Hamm, Hamm
- Stiftung Naturschutzfond Baden-Württemberg, Stuttgart
- Verband für Umweltberatung NRW e.V., Dortmund

Mit Hilfe dieses Pretests sollte überprüft werden, wie die Befragten beispielsweise auf die gestalteten Maßnahmen reagieren, was sich vor der endgültigen Umsetzung optimieren lässt und ob die technische Umsetzung funktioniert (vgl. Herbst 2003: 164).

Aufgrund der Anmerkungen der Rückmeldungen der letztendlich sechs teilnehmenden Test-Organisationen wurde der Online-Fragebogen entsprechend überarbeitet, soweit dies nach weiterer Prüfung erforderlich war.

5.4 Auswertungsmethode

Zunächst wurden die Daten bereinigt. Das heißt, dass die einzelnen Fälle geprüft und offensichtliche Falschantworten gelöscht und als „fehlend" einsortiert wurden. Die Prüfung der Antworten nach Logik zeigte, dass ein sehr geringer Datenbereinigungsaufwand bestand.

Wegen des für die Untersuchung zentralen Unterscheidungskriteriums „Dezentralität" wurden die Organisationen, bei denen die Befragten arbeiten, in die Gruppen „vollständig zentralisiert", „teilweise dezentralisiert" und „vollständig dezentralisiert" aufgeteilt. Weiterhin wurde eine Variable mit den zwei Gruppen „zentralisiert" und „dezentralisiert" gebildet, wobei in der letzten sowohl vollständige als auch teilweise dezentralisierte Organisationen aufgingen.

Als wesentliche Grundlage der statistischen Auswertung wurden die Standard-Werke sozialwissenschaftlicher Statistik von Bühl (2011), Bortz (2005) und Brosius (2011) herangezogen.

Ein deskriptiver Vergleich der Häufigkeiten (Chi-Quadrat-Test) sowohl zwischen den drei als auch den zwei Gruppen mit unterschiedlichem Dezentralisierungsgrad zeigte wenig signifikante Ergebnisse. Das heißt, es konnten weder viele signifikante Gemeinsamkeiten noch Unterschiede herausgearbeitet, letzthin ein Vergleich der Gruppen hinsichtlich aller Variablen nicht sinnvoll umgesetzt werden.

Für das Erkenntnisinteresse der Studie maßgeblich war ohnehin die Gruppe der „dezentralisierten" bzw. „vollständig dezentralisierten" und „teilweise dezentralisierten"

Organisationen. Hier wurden wiederum nochmals jede Variable ausgezählt bzw. bei metrischen Variablen Mittelwert-Vergleiche (T-Test) durchgeführt. Für eine bessere Veranschaulichung der Ergebnisse, etwa bestimmter Tendenzen im Antwortverhalten, sind häufig Antwortkategorien zusammengefasst und entsprechend dargestellt worden; darauf wird an den jeweiligen Stellen im Abschnitt 5.5 hingewiesen.

Die Daten ermöglichen leider keine über die Deskription hinausgehende Statistik, die einen weiteren, tieferen Einblick in bestimmte Zusammenhänge, vermutete Kausalitäten usw. geben könnten. So war die Frage von besonderer Relevanz, wie sich der Grad der Zerstreuung der untersuchten Organisationen auf die Steuerung eben dieser und auf deren Kommunikationsarbeit auswirken. An der Stelle wurden einfache bivariate Korrelationen zwischen dem Dezentralisierungsgrad und der Variable Anzahl der Standorte und einzelnen abhängigen Variablen (etwa Steuerung der Kommunikationsarbeit, Stellenwert der Kommunikationsarbeit in der Organisation, Bekanntheit des Konzepts der Integrativen Kommunikation usw.) errechnet. Diese Berechnungen führten zu keinerlei signifikanten Ergebnissen ($p > 0{,}05$). Dies bedeutet nicht, dass der Zerstreuungsgrad keinen Einfluss auf die Art und Weise hat, wie in einer Organisation Kommunikationsarbeit betrieben wird. Auf Basis dieser Daten kann lediglich keine Aussage über diesen Zusammenhang getroffen werden.

5.5 Ergebnisse

Bei den 500 befragten Non-Profit-Organisationen ergab sich eine Rücklaufquote von 21,2 Prozent. Aus diesen 106 beantworteten Online-Fragebögen kristallisierten sich lediglich 52 als für die vorliegende Untersuchung relevante voll- bzw. teildezentralisiert agierende Non-Profit-Organisationen heraus (siehe Tabelle 12), was einer Auswertungsbasis von 10,4 Prozent entspricht. Die Erhebung erfüllt nicht die Kriterien der statistischen Repräsentativität. Wohl lassen die Ergebnisse aber Aussagen über Tendenzen zu. Es wird nachfolgend nicht auf jede einzelne Frage der Befragung eingegangen, sondern nur auf die für den Kern der Untersuchung relevanten Aspekte.

Bei der Grundauszählung (Grundgesamtheit aller Befragten, n=106) hat sich nachfolgender Dezentralisierungsgrad ergeben.

Tabelle 12: Dezentralisierungsgrad
Quelle: Eigene Darstellung

n=106	Anzahl (n)	Prozent (%)
Vollständig zentralisiert	54	51
Teilweise dezentralisiert	14	13
Vollständig dezentralisiert	38	36

Die nachfolgenden Auswertungen beziehen sich ausschließlich auf dezentralisierte Organisationen, das heißt, teilweise oder vollständig dezentralisierte Organisationen, (n=52) und werden in den entsprechend der Forschungsfrage zu erhebenden vier Themenkomplexen nachfolgend dargestellt.

5.5.1 Organisationsform, Steuerung und personelle Ressourcen

Grundsätzlich wurde überprüft, ob es einen Zusammenhang zwischen dem **Grad der Zerstreuung** und der Steuerung sowie der Kommunikation gibt. Diese Prüfung ergab keine signifikanten Ergebnisse, was bestätigt, dass an dieser Stelle kein Zusammenhang besteht.

Jede Organisation ist entsprechend ihrer Größe in Angestellte, Freiberufler, geringfügig Beschäftigte und Bundesfreiwilligendienstleistende aufgeteilt (siehe Ressourcenverteilung in Abbildung 3). 44 Prozent der Befragten (n=52) gaben an, dass diese von dezentralen Orten für die Organisationsarbeit herangezogen werden. Dabei hat sich bei der Befragung herausgestellt, dass bei 64 Prozent die **Qualifikation der Mitarbeitenden** bekannt ist, was bei 27 Prozent nur „zum Teil" der Fall ist. Die wenigsten (10 Prozent) sind ob des beruflichen Hintergrundes im Bilde. Erstaunlich dabei ist, dass aber nur 15 Prozent der Befragten die spezifischen Qualifikationen gezielt nutzen. Ganze 40 Prozent gaben an, sie gar nicht zu nutzen, während 45 Prozent der befragten Organisationen sie nur „zum Teil" anwenden.

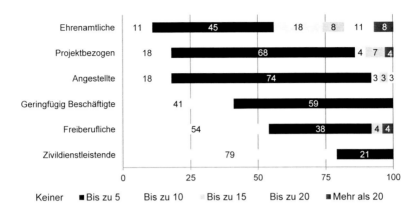

Abbildung 3: Verteilung der Ressourcen
Quelle: Eigene Darstellung

Hieran ist klar zu erkennen, dass die Kommunikationsarbeit größtenteils auf maximal fünf Mitarbeitende verteilt ist. Bei 74 Prozent findet die Kommunikationsarbeit mit Hilfe der Festangestellten statt, gefolgt von zeitweiser bzw. projektbezogener Heranziehung der Helfenden (68 Prozent). 59 Prozent der Befragten verteilen kommunikative Aufgaben auf geringfügig Beschäftigte und erst an vierter Stelle stehen die Ehrenamtlichen, die gemäß Abbildung 4 einen ganz wesentlichen Beitrag zur Organisationsbeitrag leisten und in jeder Organisation in unterschiedlicher Anzahl vertreten sind.

Angaben in Prozent; n=15<=n<=41

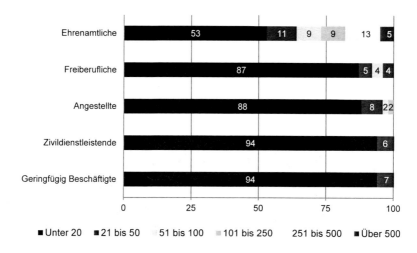

Abbildung 4: Verteilung der Mitarbeitenden in Non-Profit-Organisationen
Quelle: Eigene Darstellung

Klar wird hierdurch, dass für die Aufgaben bisher größtenteils auf festangestellte Mitarbeitende, geringfügig Beschäftigte sowie an dritter Stelle projektbezogene Helfer herangezogen werden. Die Erhebung zeigt aber auch, dass großes Potenzial in der Heranziehung der Ehrenamtlichen liegt. Kein Mitarbeitender ist in einer so großen Vielzahl in einer Non-Profit-Organisation vertreten, wie der Ehrenamtliche, was Abbildung 4 deutlich vor Augen führt, was natürlich je nach Größe der NPO variiert. Dennoch wird die Vielzahl der Ehrenamtlichen bei den Befragten deutlich, die derzeit für Kommunikationsarbeit nicht genutzt werden.

5.5.2 Stellenwert der Kommunikation: Chancen und Risiken

Um mögliche Chancen der Integrierten Kommunikation für die Umsetzung in Non-Profit-Organisationen zu hinterfragen, wurde auch nach der **Bekanntheit des Konzepts der Integrierten Kommunikation** (siehe Abbildung 5) gefragt, was im Ergebnis eine überdurchschnittliche Bekanntheit zeigte. Um die Daten plastischer darzustellen, wurden hier die Antwortkategorien 1 bis 3 (positiver Bereich der Bekanntheit) zur Kategorie „weitgehend bekannt" und die Antwortkategorien 4 bis 6 (negativer Bereich der Bekanntheit) zur Kategorie „weitgehend unbekannt" zusammengefasst – und ausgezählt.

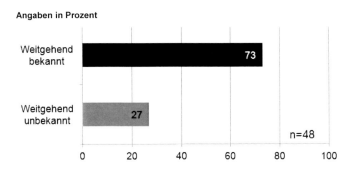

Abbildung 5: Bekanntheitsgrad: Integrierte Kommunikation
Quelle: Eigene Darstellung

Gleichzeitig wird seitens der Befragten der Integrierten Kommunikation nur ein mittelmäßiger **Stellenwert** zugewiesen, was sich auch in der wahrgenommenen Bedeutung der zeitlichen, inhaltlichen und formalen Integration der Kommunikationsinhalte ausdrückt (siehe Abbildung 6). Die Darstellung zeigt den Vergleich der Mittelwerte auf einem Spektrum von 0 (sehr wichtig) bis 100 (unwichtig). Eingetragen sind die Mittelwerte der Antworten von Befragten bei dezentralisierten Organisationen (Standardabweichung siehe Grundauszählung). Die Darstellung zeigt, dass die Integrierte Kommunikation von Befragten für wichtiger gehalten wird, als sie selbst wahrnehmen, dass sie in ihren Organisationen tatsächlich (von anderen) auch für wichtig gehalten wird.

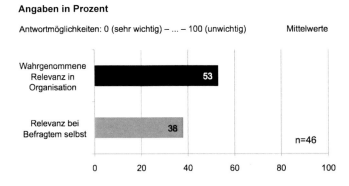

Abbildung 6: Stellenwert und Relevanz der Integrierten Kommunikation
Quelle: Eigene Darstellung

Bei der Erhebung wurde auch hinterfragt, welche Chancen die Befragten in der Integrierten Kommunikation sehen. Das Ergebnis wird in Abbildung 7 vor Augen geführt.

Angaben in Prozent

Antwortmöglichkeiten: 1 (niedrig) – 2 – 3 – 4 – 5 – 6 (hoch)

Mittelwerte; 37>=n<=43

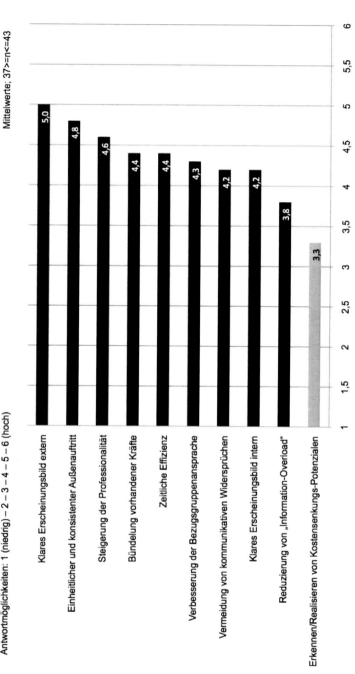

Abbildung 7: Chancen der Integrierten Kommunikation
Quelle: Eigene Darstellung

Somit treten die befragten Organisationen der Integrierten Kommunikation theoretisch weitestgehend positiv gegenüber. Allem voran stehen das konsistente, klare und einheitliche interne und externe Erscheinungsbild sowie die zeitliche Effizienz durch Bündelung der vorhandenen Kanäle.

Weiter hat die Befragung ergeben, dass sich 47 Prozent der Befragten (n=49) mit dem Thema Kommunikation auseinandersetzen, während 45 Prozent sich nur teilweise damit befassen und 6 Prozent gar nicht. In welcher Form interne und externe Kommunikation reflektiert wird, soll in Abbildung 8 dargestellt werden. Bei der Befragung waren Mehrfachnennungen möglich.

Angaben in Prozent; 42>=n<=49

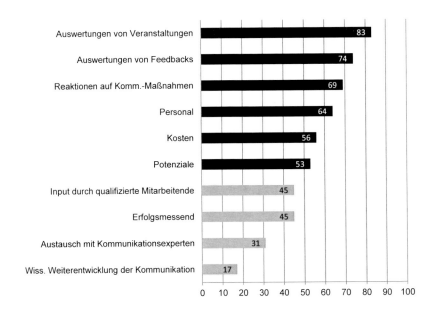

Abbildung 8: Reflexion der internen und externen Kommunikation
Quelle: Eigene Darstellung

Hierdurch wird deutlich, dass die Auswertung der Kommunikationsaktivitäten ganz deutlich auf Veranstaltungen (83 Prozent) sowie die Auswertung von Feedbacks (74 Prozent) fokussiert. Dies spiegelt gleichzeitig den Alltag von Non-Profit-Organisationen wider, deren Engagement sich aufgrund (wenig) vorhandener Ressourcen und gesetztem

Zeitbudget zu größten Teilen nur praktische Aktivitäten zum Erreichen der Organisationziele zulässt und viel weniger die wissenschaftliche Auseinandersetzung (17 Prozent) mit
dem Thema Kommunikation.

5.5.3 Rollen und Verantwortlichkeiten

Nachdem die Befragung nun Aufschluss über Anzahl und Einsatz der Mitarbeitenden
geben konnte, sind die nachfolgenden Ergebnisse zur **Steuerung der Kommunikation**
von besonderer Bedeutung. Es hat sich bei den Befragten (n=47) herausgestellt, dass die
Kommunikation in den Organisationen größtenteils von Kommunikationslaien (37 Prozent)
gesteuert wird, gefolgt von 28 Prozent Mitarbeitender, die jeweils für sich selbst arbeiten.
Erst an dritter Stelle stehen die Kommunikationsexperten (23 Prozent). Gar keine
kommunikative Steuerung erfahren 9 Prozent der befragten Organisationen.

Gleichzeitig kristallisierten sich klare **Verantwortlichkeiten** in den spezifischen Kommunikationsaktivitäten heraus, die in Abbildung 9 dargestellt werden.

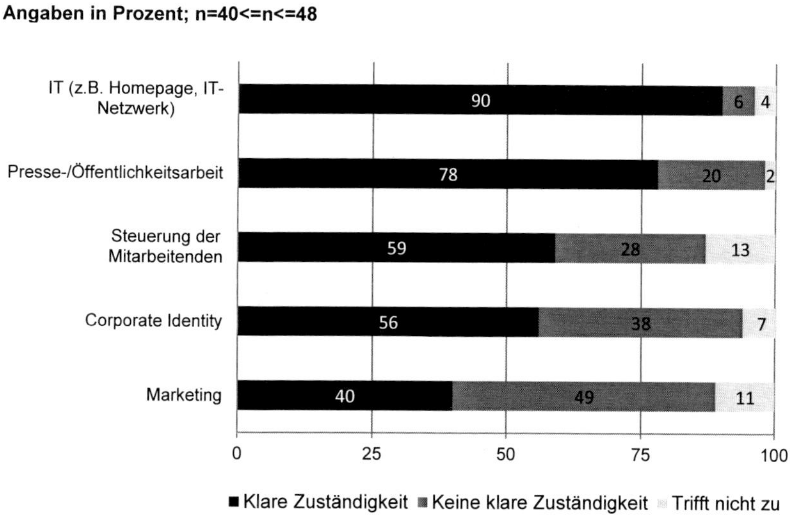

Angaben in Prozent; n=40<=n<=48

Abbildung 9: Zuständigkeiten bei Kommunikationsaktivitäten
Quelle: Eigene Darstellung

Somit zeigt sich nicht nur sehr deutlich, dass für die Kommunikationsarbeit fast
ausschließlich das Internet genutzt wird und die meisten Ressourcen in der IT-Landschaft

benötigt werden. Gleichzeitig konnte erhoben werden, dass bereits 59 Prozent der befragten Organisationen eine klare Zuständigkeit in der Steuerung der Mitarbeitenden
haben. Darüber hinaus hat mit 78 Prozent die Presse- und Öffentlichkeitsarbeit einen
festen Platz in der Kommunikationsarbeit.

5.5.4 Kommunikationsarbeit

In Abbildung 10 werden die Antworten auf zwei Fragen einander gegenübergestellt. Eine
Frage zielte auf die allgemeine Nutzung der Kommunikationskanäle ab, die andere auf die
Nutzung dieser Kanäle speziell zur Abstimmung über die **Kommunikationsarbeit**. Der
Kommunikationskanal „Jour fixe" wurde nur in der Frage nach der allgemeinen Nutzung
abgefragt, womit hier kein Vergleichswert für die Kommunikationsarbeit vorliegt.

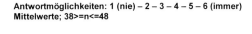

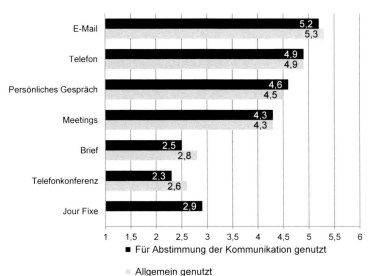

Abbildung 10: Kommunikationskanäle
Quelle: Eigene Darstellung

Somit wurde im Ergebnis die überdurchschnittliche Nutzung von elektronischen Mails
deutlich, was allerdings wenig überraschend ist. Wohl aber ist es vor allem mit Blick auf

befragte dezentralisiert agierende Organisationen markant, dass das persönliche Gespräch nach dem Telefonat der meist genutzte Kommunikationskanal ist. Auch hiermit wird unterstrichen, dass der Kommunikationsarbeit große Bedeutung beigemessen wird, da in einem gemeinsamen persönlichen Gespräch qualitativ doch intensivere Rücksprachen und Abstimmungen möglich sind, als per E-Mail oder in einem Telefonat.

Auch wurde die **Häufigkeit von Rücksprachen** vor dem Hintergrund des Forschungsziels hinterfragt, die für die Abstimmung der internen und externen Kommunikation genutzt wird. Damit sollte erneut der Stellenwert der Kommunikation unterstrichen werden, zum anderen aber auch das Zeitbudget herauskristallisiert. Mehrfachnennungen waren hierbei möglich. Im Ergebnis gaben 74 Prozent der Befragten an, dass Abstimmungen wöchentlich stattfinden, gefolgt von quartalsweisen Rücksprachen (69 Prozent). Für knapp die Hälfte der Befragten sind monatliche (44 Prozent) oder jährliche (42 Prozent) Abstimmungen möglich.

Um die Risiken der Kommunikationsarbeit zu erheben, wurden die Erfahrungen bei den befragten Organisationen hinterfragt, im Besonderen nach den **Schwierigkeiten bei der Umsetzung der internen und externen Kommunikationsarbeit**. Wie in Abbildung 11 zu sehen, sind es vor allem die personellen und finanziellen Ressourcen, gefolgt von zeitlichen Defiziten, die die Kommunikationsarbeit erschweren.

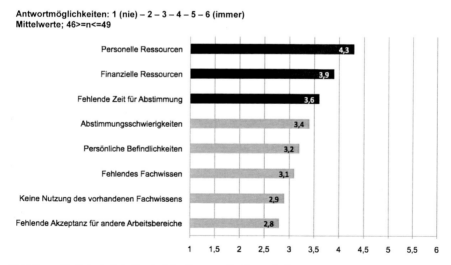

Abbildung 11: Schwierigkeiten bei der Kommunikationsarbeit
Quelle: Eigene Darstellung

Durch die Befragung kristallisierte sich weiter heraus, dass die **fehlende Akzeptanz für andere Arbeitsbereiche** bei Non-Profit-Organisationen zwar auch vorhanden ist, nicht aber in der Größenordnung wie bei For-Profit-Organisationen. Diese bereichsübergreifende Akzeptanz ist die Basis für das Gelingen der Integrierten Kommunikation und stellt für For-Profit-Organisationen die größte Hürde für das Gelingen der Umsetzung dar. Somit ist bei Non-Profit-Organisationen Potenzial für die Einführung der Integrierten Kommunikation zu erkennen.

5.5.5 Unterschiede zentralisiert und dezentralisiert agierende NPOs

Wenngleich die Betrachtung der Unterschiede zwischen zentralisiert und dezentralisiert agierenden Non-Profit-Organisationen nicht Ziel der vorliegenden Arbeit war, so kann man im Ergebnis grundsätzlich davon ausgehen, dass sich keinerlei Unterschiede zwischen zentralisierten und dezentralisierten Non-Profit-Organisationen herausgestellt haben. Die wenigen signifikanten Unterschiede sollen dennoch dargestellt werden.

So hat sich die **Telefonkonferenz** als ein Kommunikationskanal herausgestellt, der in dezentralisierten Non-Profit-Organisationen deutlich häufiger genutzt wird als in zentralisierten.

$M(Z)^7$=1,6
$M(D)^8$=2,6
Signifikanz: $p < 0,01$

Darüber hinaus ist die Telefonkonferenz ein Kommunikationskanal, der bei **Abstimmung der Kommunikationsarbeit** in dezentralisierten Non-Profit-Organisationen deutlich häufiger genutzt wird als in zentralisierten.

$M(Z)$=1,7
$M(D)$=2,6
Signifikanz: $p < 0,01$

Eine organisierte persönliche Kommunikation über Telefonkonferenzen spielt demzufolge in verstreuten Zusammenhängen eine viel wichtigere Rolle.

---

[7] Mittelwert zentralisierter Organisationen
[8] Mittelwert dezentralisiert agierender Organisationen

Der einzig weiter identifizierte Unterschied zwischen beiden Organisationsformen ist die **Zahl der für die Kommunikationsarbeit zur Verfügung stehenden Ehrenamtlichen** (Ressourcen). In dezentralisierten Organisationen sind es deutlich mehr als in zentralisierten.

M(Z)=2,2

M(D)=2,9

Signifikanz: $p<0,05$

Auffällig ist bei zentral und dezentral agierenden Organisationen gleichermaßen, dass überall dort, wo viele Freiberufliche eingesetzt werden, auch viele geringfügig Beschäftigte tätig sind (Korrelation gerechnet, $r=0,67$, $p<0,001$). Und überall dort, wo viele Freiberufliche arbeiten, wirken auch viele Ehrenamtliche in den Organisationen mit ($r=0,37$, $p<0,001$).

5.6 Zusammenfassung

Die Ergebnisse der Untersuchung beruhen auf Aussagen von 52 teilweise oder vollständig dezentralisierten Non-Profit-Organisationen. Bei 500 angeschriebenen Organisationen ist das ein vor dem Hintergrund des Forschungszieles relevanter Rücklauf von 10,4 Prozent. Somit ist das Ergebnis nicht als repräsentativ zu werten, jedoch lassen die Erhebungen Schlüsse auf eine Tendenz zu, die Einblicke in die derzeitige Kommunikationsarbeit und strukturelle Aufstellung der befragten Organisationen geben.

Eine vor dem Hintergrund des Forschungszieles wesentliche Erkenntnis ist, dass Ehrenamtliche zwar entsprechend der Größenordnung der Organisation in einer Vielzahl vertreten sind, aber die **Kommunikationsarbeit** überdurchschnittlich oft auf nur bis zu fünf Angestellte oder geringfügig Beschäftigte verteilt wird, gefolgt von projektbezogener Heranziehung der Mitarbeitenden. Im Ergebnis konnte durch die Erhebung nicht genutztes Mitarbeitenden-Potenzial festgestellt werden. Bezüglich des Wissens um die **Qualifikationen** der Mitarbeitenden sind 64 Prozent der Befragten im Bilde, während 40 Prozent sie gar nicht nutzen, bzw. 45 Prozent sie nur zum Teil. Dies offenbart ein großes nutzbares Potenzial für die Organisationen.

Des Weiteren hat sich durch die Untersuchung herausgestellt, dass das Konzept der Integrierten Kommunikation eine überdurchschnittliche **Bekanntheit** aufwies und die Organisationen diesem grundsätzlich positiv und offen gegenüberstehen. Sie gleichwohl aber aufgrund fehlender personeller und zeitlicher Ressourcen sowie Zeitdefiziten

Schwierigkeiten in der Umsetzung sehen. Außerdem hat es sich herausgestellt, dass die Befragten die Integrierte Kommunikation persönlich wichtiger nehmen, als dies, so die Wahrnehmung, seitens der Organisation der Fall ist. Auch werden der Integrierten Kommunikation **Chancen** zugeschrieben, die vor allem im klaren internen und externen Erscheinungsbild, dicht gefolgt von dem einheitlichen und konsistenten Außenauftritt und der Steigerung der Professionalität gesehen werden, was das theoretisch vorhandene Wissen um dieses Konzept sowie die Offenheit dafür unterstreicht.

Die **Reflektion der Kommunikation** hat bei fast allen relevanten Befragten einen festen Platz in der Organisationsarbeit. Hierbei beschränkt sich die Auseinandersetzung allerdings überdurchschnittlich oft auf die Auswertung von Veranstaltungen und Feedbacks sowie die Reaktionen auf Kommunikationsmaßnahmen. Damit wird gleichzeitig das Wesen von Non-Profit-Organisationen unterstrichen, nämlich aktiv vor Ort, nah an den Interessengruppen tätig zu sein. Der Fokus ist ganz deutlich auf die praktische Arbeit und die Umsetzung der Organisationziele gerichtet, weniger auf die interne Professionalisierung, was auch am fehlenden Zeitbudget und an großenteils brachliegenden Ressourcen liegt. Dass die Kommunikation aber einen hohen Stellenwert in den Organisationen hat, bestätigen 74 Prozent der Befragten, die angaben, dass Rücksprachen zur Abstimmung wöchentlich erfolgen. Dies ist mit Blick auf das erwähnte knappe Zeitbudget ein bedeutender Aspekt.

Weiter hat es sich herausgestellt, dass die **Steuerung der Kommunikation** nur bei jedem fünften der Befragten über Kommunikationsexperten erfolgt. Grundsätzlich hat die Steuerung aber hohe Priorität, denn bei 59 Prozent der Befragten ist die Steuerung der Mitarbeitenden fester Bestandteil der Organisationsstruktur. Gleiches gilt für die Vergabe von festen **Verantwortlichkeiten.** Deutlich wurde, dass die Online-Kommunikation (IT/Homepage) höchste Priorität hat, diese liegt bei fast jeder befragten Organisation in fest zugeschriebener Verantwortung. Was aber die Kommunikationsmaßnahmen der Integrierten Kommunikation angeht, so hat Presse- und Öffentlichkeitsarbeit (der Online-Kommunikation folgend) bei 78 Prozent der Befragten eine klare Zuständigkeit. Die Pflege der Corporate Identity liegt bei fast jedem zweiten Befragten in fester Hand, während dies beim Marketing nur bei knapp 40 Prozent der Fall ist.

Es konnte weiterhin keine explizite Aussage darüber getroffen werden, ob der Dezentralisierungsgrad Auswirkungen auf die Steuerung der Kommunikationsarbeit hat. Die Tatsache, dass die Berechnungen keinerlei signifikante Ergebnisse zu Tage führten, bedeutet jedoch nicht, dass der Zerstreuungsgrad keinen Einfluss auf die Art und Weise der Umsetzung der Kommunikationsarbeit hat. Die Datenbasis ließ nur die Aussage über einen Zusammenhang nicht zu.

Die Ergebnisse lassen gesamtheitlich betrachtet den Schluss zu, dass es Potenzial für die Umsetzung der Integrierten Kommunikation in Non-Profit-Organisationen gibt.

6 Schlussbetrachtung

Im Rahmen der vorliegenden Studie wurde das Themenfeld Integrierte Kommunikation sowie deren Möglichkeiten der Umsetzung in dezentral agierenden Non-Profit-Organisationen möglichst umfassend beleuchtet. Hierfür wurde die wissenschaftliche Literatur durchgearbeitet sowie Einblicke in die Praxis der Organisationen mittels Online-Befragung gewonnen, wenngleich diese Befragung aufgrund einer zu niedrigen Rücklaufquote nicht als repräsentativ zu werten ist. Die hieraus gewonnenen Erkenntnisse sollen vor dem Hintergrund des Forschungsansatzes in diesem abschließenden Kapitel zusammengeführt und resümiert werden.

6.1 Zusammenfassung der Ergebnisse

Die Erkenntnisse des Theorieteils und die Analyse der Online-Befragung lieferten wertvolle Erkenntnisse und Ansätze und gewährten einen realitätsnahen Einblick in Strukturen und Ressourcen von Non-Profit-Organisationen. Es lässt sich festhalten, dass es extrem schwierig ist, bei der Heterogenität der Non-Profit-Organisationen eine Art Masterplan zu entwickeln, um einen Beitrag zur Professionalisierung von Non-Profit-Organisationen zu leisten.

Eine vor dem Hintergrund des Forschungszieles wesentliche Erkenntnis ist, dass **Ehrenamtliche** nicht nur auf der Suche nach Selbstverwirklichung sind, Erfahrungen sammeln oder ihre Freizeit sinnvoll gestalten wollen. Vielmehr bekommt die **Qualifikation** immer mehr Bedeutung, insbesondere bei jungen Leuten. Das Interesse an einer Qualifizierung durch das Ehrenamt ist vor allem im Sinne des beruflichen Nutzens und der Weiterentwicklung stark ausgeprägt. In die Kommunikationsarbeit sind sie jedoch kaum bis gar nicht eingebunden. Die Ursachen dafür liegen u.a. darin begründet, dass das vorhandene Wissen in der Organisation entweder nicht genutzt wird oder nicht bekannt ist. In der Analyse der Mitarbeitenden mit Blick auf deren Qualifikation und entsprechender Steuerung liegt somit ein wesentliches Potenzial für eine effektive Ressourcennutzung.

Das **Konzept der Integrierten Kommunikation** ist für die Umsetzung in Non-Profit-Organisationen in der wissenschaftlichen Literatur noch nicht umfassend beleuchtet. Dennoch wies die Erhebung grundsätzlich eine überdurchschnittliche Bekanntheit bei den befragten Organisationen nach, was die Chancen der Anwendung in Non-Profit-Organisationen erhöht.

Auch hat sich herauskristallisiert, dass die schwierigsten Hürden, abgesehen von sich überschneidenden Barrieren auf Seiten der For-Profit-Organisationen und Non-Profit-Organisationen bei der Umsetzung der Integrierten Kommunikation in Unternehmen bei Non-Profit-Organisation nicht in dem Ausmaß existieren. Die Rede ist beispielsweise von der fehlenden Akzeptanz des jeweils anderen Kommunikationsbereichs, Kompetenzverlust, geringer Kooperations-, Informations- und Koordinationsbereitschaft bis hin zu „Grabenkämpfen". Hier arbeiten Non-Profit-Organisationen in gänzlich anderen Strukturen und sind aufgrund des visions- und motivationsgetriebenen Engagements *personell-kulturell* von Natur aus anders agierend, was vor allem im Fokus des Forschungsansatzes steht. Dieser Hintergrund birgt die Chance zum Gelingen der Umsetzung der Integrierten Kommunikation in Non-Profit-Organisationen.

Weiter hat es sich herausgestellt, dass die **Steuerung der Kommunikation** in den befragten Organisationen nur marginal erfolgt. Grundsätzlich hat die Steuerung der Kommunikation und der Mitarbeitenden aber überdurchschnittlich hohe Priorität und ist fester Bestandteil der Organisationsstruktur. Auch die Vergabe von festen Verant-wortlichkeiten ist Alltag in den Organisationen, was vor dem Hintergrund dieser Untersuchung wichtig für den Einsatz von Kommunikationsexperten im Sinne der Integrierten Kommunikation ist. Somit verspricht auch dieser Aspekt die Möglichkeit eines Gelingens in der Umsetzung der Integrierten Kommunikation.

Organisationsstrukturell stellte sich heraus, dass es diverse Management-Konzepte auf Seiten der gewinnorientierten Unternehmen gibt, die mit Abstrichen auch für Non-Profit-Organisationen anwendbar sind. Gerade unter dem Aspekt der Dezentralität kamen anwendbare Ansätze heraus. Die Datenbasis ließ leider keine explizite Aussage über die Auswirkungen des Zerstreuungsgrades zu. Gleichwohl liegt die Herausforderung entsprechend der Komplexität der Organisation in der Steuerung der einzelnen Mitarbeitenden und den bis zu bundesweit verstreuten Standorten.

6.2 Fazit und hypothesengeleitete Auswertung

Die Aussagen der wissenschaftlichen Literatur (Kapitel 2 und 3) sowie die Ergebnisse der Empirie (Kapitel 5) weisen einen hohen Grad an Übereinstimmung auf. Durch die derzeit nur wenig vorhandenen NPO-spezifischen Studien sowie die wenig umfangreiche wissen-schaftliche Literatur mit Bezug auf den vorliegenden Forschungsansatz ließ sich die Forschungsfrage alleine nicht beantworten. Hierfür lieferten die Ergebnisse der Befragung wertvolle Aspekte, die die Lücken der Literatur schlossen und Einblicke in die realitätsnahe Arbeit der Organisationen lieferten.

Die soziale Komponente in der Struktur der Mitarbeitenden von Non-Profit-Organisationen ist als Alleinstellungsmerkmal zu betrachten und birgt Potenzial zur Ressourcen-Erhebung. Ausgehend davon wurden im vierten Kapitel drei Hypothesen (H) entwickelt, um die Besonderheit mit Blick auf die Integrierte Kommunikation in dezentral agierenden Organisationen bewerten zu können. Diese gemäß theoretischer Grundlagen generierten Hypothesen wurden dank empirischer Forschung nunmehr vollends als gültig bewiesen. Grundlage der Hypothesen bildeten die theoretischen Aspekte des zweiten Kapitels. Sie wurden der Forschungsfrage des ersten Kapitels gegenübergestellt.

> H[1]) Die Mitarbeitenden und damit die Ressourcen einer Non-Profit-Organisation sind äußerst heterogen, jedoch nicht in vollem Umfange erfasst.

In den Abschnitten 2.4 und 2.5 konnte dargelegt werden, dass Non-Profit-Organisationen sich derzeit in einem Umwandlungs- und Professionalisierungsprozess befinden und über eine äußerst heterogene Gruppe Mitarbeitender verfügen. Darüber hinaus konnte mit den Erhebungen unter Punkt 2.5.4 bestätigt werden, dass mehr als die Hälfte des verfügbaren Wissens in Unternehmen nicht genutzt wird. Die empirische Forschung ergab eine Bestätigung der Theorie (Kapitel 5, Abbildungen 3 und 4), insofern, als das die Kommunikationsarbeit in Höhe von 74 Prozent ausschließlich von Festangestellten übernommen wird, obwohl großes Potenzial in der Heranziehung von Ehrenamtlichen, Geringfügig Beschäftigten und Freiberuflichen liegt. Hinzu kommt der Aspekt, dass die Kommunikation in den Organisationen größtenteils von Kommunikationslaien (37 Prozent) gesteuert wird und nur zu 23 Prozent von Experten (Punkt 5.5.3).

> H[2]) Die Barrieren bei der Umsetzung der Integrierten Kommunikation in gewinnorientierten Unternehmen existieren aufgrund der personellen Grundstruktur in Non-Profit-Organisationen nicht.

Mit Blick auf die Abgrenzungsmerkmale und Wesensmerkmale der Non-Profit-Organisationen (Abschnitt 2.4) konnte aufgrund der wissenschaftlichen Literatur bestätigt werden, dass die derzeit als größten Hürden diskutierten Problemstellungen bei der Umsetzung der Integrierten Kommunikation bei gewinnorientierten

Unternehmen (Punkte 3.4.6 sowie 3.4.1.2) auf Seiten der Non-Profit-Organisationen in dem Maße nicht existiert. Die empirische Forschung ergab eine Bestätigung der Theorie (Kapitel 5, Abbildung 11). Insofern wurde dargelegt, dass zum Beispiel die „fehlende Akzeptanz" für andere Bereiche zwar auch vorhanden ist, allerdings nicht in der für gewinnorientierte Unternehmen geltenden Größenordnung.

H[3]) Das Konzept der Integrierten Kommunikation ist in Non-Profit-Organisationen weitestgehend bekannt.

Ausschließlich mittels empirischer Forschung konnten Erkenntnisse zur Integrierten Kommunikation mit Blick auf Non-Profit-Organisationen gewonnen werden. Somit wurde dank Empirie bestätigt, dass das Konzept der Integrierten Kommunikation weitgehend bekannt ist (Punkt 5.5.2, Abbildung 5) und die befragten Organisationen diesem Konzept auch positiv gegenüberstehen (Punkt 5.5.2, Abbildung 7).

Für die Forschungsfrage der vorliegenden Untersuchung ergibt sich daher für die Möglichkeiten und Grenzen in der Umsetzung der Integrierten Kommunikation in dezentral agierenden Non-Profit-Organisationen: Es sind mehr Möglichkeiten für dezentral agierende Organisationen gegeben, als es diese, nach dem jetzigen Stand der Forschung, für gewinnorientiere Unternehmen gibt. Grenzen ergeben sich in einer nicht konsistenten Steuerung der Mitarbeitenden.

Ein Unterschied zwischen zentral und dezentral agierenden Organisationen in der Kommunikationsarbeit konnte bei der Befragung als Nebenaspekt nicht festgestellt werden.

6.3 Handlungsempfehlungen

Die Festlegung eines Leitfadens, welcher zu den spezifischen Unvorhersehbarkeiten der Non-Profit-Organisationen passt, ist ein utopisches Ideal. Auf der anderen Seite könnte die Definition eines weitfassenden Leitfadens hilfreiche Hinweise für eine spezifische Non-Profit-Organisation liefern, und seien es auch nur Teile hieraus, die von Nutzen sind.

Wie unter Punkt 2.5.3 ausführlich dargestellt sowie durch empirische Ergebnisse unterstrichen, ist der Kampf um personelle Ressourcen eine der größten Herausforderungen von Non-Profit-Organisationen. Diese zum einen zu bergen und effektiv und hilfreich für die Arbeit in der Non-Profit-Organisation einzusetzen, ist zeitaufwendig und aufgrund der Vielzahl der Mitarbeitenden fast unmöglich.

Gleichzeitig kann jedoch der Versuch unternommen werden, das Engagement der Helfenden und deren Qualifikation samt Klärung der persönlichen Gründe und Zielsetzungen für das Engagement zu professionalisieren. Durch die Erhebung (ein Beispiel einer Checkliste stellt Tabelle 13 dar) ließen sich die Mitarbeitenden besser und zielgerichteter in die Organisationsarbeit einbinden und auch die Betroffenen selbst erfahren Wertschätzung durch gezielten Einsatz entsprechend ihrer persönlichen Zielsetzung und Motivation für ihr Engagement.

Tabelle 13: Qualifikationen im Überblick
Quelle: Eigene Darstellung in Anlehnung an Stabenow und Stabenow 2010: 176

Qualifikation	Aussagen zur Einschätzung
Anwendung elektronischer Kommunikationsmittel Nutzung elektronischer Kommunikationsmittel	
Medienkompetenz Fachliches Wissen und Fertigkeiten	
Arbeitsorganisation Work-Life-Balance	
Kommunikationsfähigkeit/-bereitschaft Koordinationsfähigkeit/-bereitschaft Kooperationsbereitschaft	
schriftliche, mündliche Kommunikation Selbstwirksamkeitsüberzeugung/ Handlungssicherheit Einschätzung der pers. Leistungsgrenzen Selbstmotivation Entscheidungssicherheit	
Persönliche Unabhängigkeit Gestaltungsbereitschaft in fremdem Umfeld Einführungsvermögen/Toleranz Konfliktfähigkeit und Konfliktbereitschaft	
Rollenbewusstsein Anpassungsbereitschaft (Team) Teamengagement	
Metakommunikation Interaktionskompetenz	
Vorausschauendes Denken und Handeln Problemanalyse Schlussfolgerndes Denken	
Informationsbeschaffung und Selektion	
Grund des ehrenamtlichen	

Qualifikation	Aussagen zur Einschätzung
Engagements/der Mitarbeit	
Persönliche Zielsetzung Persönliche Weiterentwicklung	
Gewünschter Einsatz als/für Sachgebiet:	

Bei der Erhebung der wichtigen Qualifikationen, von der Selbsteinschätzung, der sozialen Kompetenz bis hin zum Grund des ehrenamtlichen Engagements wird die Basis für eine geklärte Zusammenarbeit einerseits, und dem zu Tage fördern der in den Organisationen befindlichen Qualifikationen für die Einbindung in die Kommunikationsarbeit andererseits gelegt. Für diese Erhebung und permanente Pflege des Bestandes wird ein/eine *Staff-ManagerIn* empfohlen, direkt angesiedelt an der Geschäftsführung der Organisation, um über strategische Ansätze jederzeit informiert zu sein, und in der Folge das entsprechende Personal heranziehen zu können. Mit Blick auf die Steuerung der Mitarbeitenden soll Abbildung 12 die Ansiedlung dieses Managenden vor Augen führen.

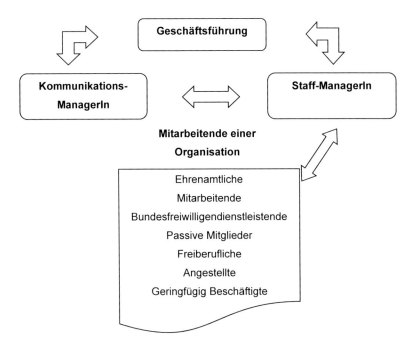

Abbildung 12: Organigramm zur Steuerung der Mitarbeitenden
Quelle: Eigene Darstellung

Ein sich aufgrund der Erhebungen herausgestellter wesentlicher Faktor ist, dass Non-Profit-Organisationen nicht nach Abteilungen oder Bereichen organisiert sind. Sie greifen in ihrer Arbeit „lediglich" auf vorhandene personelle Ressourcen zurück und setzen sie entsprechend der Aufgabenstellung ein. Dies ist zu großen Teilen mit der Festlegung von festen Verantwortlichkeiten verbunden, wohl aber auch mit der projektweisen Heranziehung von Mitarbeitenden. Entsprechend wird empfohlen, für diese Steuerung feste Verantwortlichkeiten zu bestimmen.

Des Weiteren werden durch die Vielzahl der vorhandenen Kommunikationskanäle Ressourcen bei Rücksprachen und Abstimmungen gebunden. Somit wäre es einen Blick auf die vorhandenen Medienanwendungen Wert, die Kanäle zu überprüfen und unter Umständen feiner und effizienter abzustimmen.

Nach Stabenow und Stabenow (vgl. 2010: 34f.) geht es bei der Einteilung um das Ausmaß der Kommunikation untereinander. Gemeint ist damit das Ausmaß an gemeinsamer Planung (z. B. Koordination von Terminen und Aufgaben) und das Ausmaß an notwendiger Kooperation (um gemeinsam auf ein Ziel hinarbeiten zu können). Eine strikte Zuordnung von Anwendungen ist kaum mehr möglich, da viele der neueren IT-Lösungen in ihrer Funktionalität oft so umfassend ausgelegt sind, dass sie, allerdings in verschiedenem Umfang und unterschiedlicher Qualität, bereits alle drei Prozesse unterstützen können.

Bei der Suche nach dem geeigneten Medienportfolio empfehlen Stabenow und Stabenow (vgl. 2010: 34f.) die in Tabelle 14 beschriebene Organisation der Medien.

Tabelle 14: Medienportfolio
Quelle: Eigene Darstellung in Anlehnung an Stabenow und Stabenow 2010: 35

Kommunikation	Koordination	Kooperation
Telefon	Terminkalender	Dokumentenmanagement
E-Mail	Aufgabenlisten	Datenkonferenzen
Diskussionsforen	Workflowmanagement	Meetingmanagement
Instant Messaging	Projektmanagement	Whiteboard
Voice/Video Chat		Voice/Video Chat
Konferenz (Audio/Video)	Instant Messaging (durch An- bzw. Abwesenheitsanzeige)	Konferenz (Audio/Video)
SMS/MMS		
Twitter, Blogs		

Mit Hilfe dieser Übersicht lässt es sich überprüfen, welche Aufgabe mit welchem Medium gelöst und eventuell um ein weiteres Medium ergänzt werden kann. Ein Anspruch auf Vollständigkeit hat diese Darstellung nicht, sie soll nur eine Anregung für eine eventuelle Überarbeitung der derzeitigen Mediennutzung darstellen, um Effizienz in der Ressourcennutzung zu ermöglichen.

6.4 Ausblick

Auch wenn das Ergebnis der Befragung im empirischen Teil dieser Untersuchung den Kriterien der Repräsentativität nicht entspricht, so ließen sich Dank der positiven Rückläufe dennoch wertvolle Schlüsse ziehen und für die Beantwortung der Forschungsfrage nutzen. Die vorliegende Studie soll einen Beitrag zur Erforschung der Anwendbarkeit des Konzepts der Integrierten Kommunikation, insbesondere mit Blick auf den Einsatz in Non-Profit-Organisationen, leisten. Möglichkeiten und Chancen konnten transparent gemacht werden, aber auch derzeitige Grenzen.

Aus der Auswertung konnten wesentliche Schlussfolgerungen mit Blick auf die wesentlichen Unterscheidungsmerkmale zwischen For-Profit-Organisationen und Non-Profit-Organisationen getroffen werden, die letztendlich die Basis des Forschungsansatzes bildeten, sich bestätigt fanden und sich für die Möglichkeit der Umsetzung der Integrierten Kommunikation aussprechen.

Bei der Befragung hat es sich im Teil der „persönlichen Anmerkungen" herausgestellt, dass die Fragen zum Teil als sehr kompliziert empfunden wurden. Auch war die strukturelle Erfassung (Standortfrage) nicht allumfassend und für jede Organisation in Frage kommend. Ferner wurde von der Existenz von „passiven Mitgliedern" gesprochen. Insofern lohnt es sich, diese Fragen für eine mögliche neue Befragung zu vereinfachen, zu überarbeiten bzw. die Bedeutung und den Aktionsspielraum der „passiven Mitglieder" zu hinterfragen.

Schließlich war der sich aus der Grundgesamtheit ergebende, für die Studie relevante, Rücklauf zu klein, um sich ein repräsentatives Gesamtbild zu verschaffen. Dennoch hat es sich herausgestellt, dass viel Forschung bezüglich Integrierter Kommunikation und deren Umsetzung mit Blick auf gewinnorientierte Unternehmen betrieben wurde. Interessant wäre es insofern, sich den Fragen der Umsetzbarkeit im Rahmen einer größer angelegten repräsentativen Forschung mit Blick auf Non-Profit-Organisationen zu widmen, da das Potenzial einer besseren Umsetzbarkeit bereits zu erkennen ist.

Lohnenswert wäre überdies eine Erhebung der tatsächlich vorhandenen Qualifikationen in Non-Profit-Organisationen. Insofern ließen sich vertiefende Aussagen über das bereits vorhandene Potenzial der Organisationen treffen, die im Rahmen einer strafferen Steuerung für die Umsetzung der Organisationsziele genutzt werden könnten.

Des Weiteren würden vertiefende Studien über die Motivation des Engagements in Non-Profit-Organisationen sicherlich die bisher wenig vorhandenen wissenschaftlichen Erkenntnisse um neue Aspekte bereichern und fortführen. Die Rede in der bisherigen Literatur ist von der Motivation durch Selbstverwirklichung und Weiterentwicklung. Aber würde sich z. B. eine bestimmte Branche im Zuge der Selbstverwirklichungs- und Weiterentwicklungsmotivation dabei herauskristallisieren oder erfahren diese Aspekte auch Grenzen? Im Zuge dessen wäre es sicherlich auch lohnenswert zu untersuchen, ob sich das erwiesene motivgesteuerte Engagement auf die Steuerung der Mitarbeitenden auswirkt. Gerade die Frage, ob sich Mitarbeitende in Non-Profit-Organisationen im Vergleich zu gewinnorientierten Unternehmen leichter oder schwieriger steuern lassen, wäre ein interessanter Forschungsaspekt. Hintergrund dabei ist die sehr heterogene Zusammensetzung der Mitarbeitenden bis hin zu den vorhandenen sehr unterschiedlichen Motivationen zum Engagement in Non-Profit-Organisationen.

Ungeachtet dessen sollte zukünftig eine größere Grundgesamtheit gewählt werden, um die Repräsentativität der Ergebnisse zu erhöhen.

7 Literaturverzeichnis

Andeßner, René C. (2004). *Integriertes Potenzialmanagement in Nonprofit-Organisationen.* Linz: Trauner.

Anheier, Helmut, Toepler, Stefan und Sokolowski, Wojciech (1997). *The implications of government funding for non-profit organizations: three propositions.* International Journal of Public Sector Management. Vol. 10 No. 3. pp. 190-213.

Badelt, Cristoph, Meyer, Michael und Simsa, Ruth (Hrsg.) (2007). *Handbuch der Non-Profit-Organisation. Strukturen und Management.* (4., überarb. Aufl.). Stuttgart: Schäffer-Poeschel.

Bentele, Günter, Fröhlich, Romy und Szyszka, Peter (Hrsg.) (2008). *Handbuch der Public Relations: Wissenschaftliche Grundlagen und berufliches Handeln.* (2., korr. und erw. Aufl.). Wiesbaden: VS Verlag für Sozialwissenschaften.

Birkhölzer, Karl, Kistler, Ernst und Mutz, Gerd (2004). *Der Dritte Sektor.* Wiesbaden: VS Verlag für Sozialwissenschaften.

Birkigt, Klaus, Stadler, Marinus M. und Funck, Hans J. (Hrsg.) (1986). *Corporate Identity, Grundlagen, Funktionen, Fallbeispiele.* München: Verlag Moderne Industrie.

Bleicher, Knut (1966). *Zentralisation und Dezentralisation von Aufgaben in einer Organisation der Unternehmungen.* Freie Universität Berlin: Dissertation.

Bogner, Franz (2003). *Die Wiener Schule der Vernetzten Kommunikation – Ein Beitrag zur Entkrampfung des Diskurses über Integrierte Kommunikation.* Public Relations Forum für Wissenschaft und Praxis. 2. S. 86-94.

Bogner, Franz (2005). *Das Neue PR-Denken. Strategien, Konzepte, Aktivitäten.* (3., akt. und erw. Aufl.). Frankfurt a.M.: Redline Wirtschaft.

Bortz, Jürgen (2005). *Statistik für Human- und Sozialwissenschaftler.* (6. Aufl.). Heidelberg: Springer.

Brewster, Chris und Söderström, Magnus (1994). *Human ressources and line management.* In: Brewster, Chris und Hegewisch, Ariane (Hrsg.) (1994). *Policy and practice in European human ressource management. The Price Waterhouse Cranfield Survey.* New York: Routledge.

Brosius, Felix (2011). *SPSS 19.* Heidelberg, München, Landsberg, Frechen, Hamburg: mitp.

Bruhn, Manfred (2009). *Integrierte Unternehmens- und Markenkommunikation: Strategische Planung und operative Umsetzung.* (5., überarb. und akt. Aufl.). Stuttgart: Schäffer-Poeschel.

Bühl, Achim (2011). *SPSS 20. Einführung in die moderne Datenanalyse.* (13., akt. Aufl.). München, Harlow: Pearson, Higher Education.

Busch, Rainer, Dögl, Rudolf und Unger, Fritz (2001) *Integriertes Marketing: Strategie, Organisation, Instrumente.* (3., vollst. überarb. Aufl.). Wiesbaden: Gabler.

Carroll, Archie B. und Buchholtz, Ann K. (1996) *Business & Society. Ethics, Sustainability and Stakeholder Management.* (3. Aufl.) Cincinnati, OH: South-Western College Publishing.

Deutsches Vereinsregister (2011). *Vereinsstatistik 2011.* V & M Service GmbH. http://www.npo-info.de/vereinsstatistik/2011/. [06.11.2011].

Dörrenbächer, Christoph und Riedel, Christian (2000). *Strategie, Kultur und Macht. Ein kleiner Streifzug durch die Literatur zur Internationalisierung von Unternehmen.* In: Dörrenbacher, Christoph und Plehwe, Dieter (Hrsg.) (2000). *Grenzenlose Kontrolle? Organisatorischer Wandel und politische Macht multinationaler Unternehmen.* Berlin: Rainer Bohn. S. 15-41.

Eckardstein, Dudo von (2007). *Personalmanagement in NPOs.* In: Badelt, Cristoph, Meyer, Michael und Simsa, Ruth (Hrsg.) (2007). *Handbuch der Non-Profit-Organisation. Strukturen und Management.* (4., überarb. Aufl.). Stuttgart: Schäffer-Poeschel.

Espejo, Raul und Bendek, Zoraida Mendiwelso (2011). *An Argument for active Citizenship and organizational Transparency.* Kybernetes. Vol. 40 No. 3/4. pp. 477-493.

Fayol, Henri und Reineke, Karl (1929). *Allgemeine und industrielle Verwaltung.* München: R. Oldenbourg.

Freiwilligensurvey (2010*). Zivilgesellschaft, soziales Kapital und freiwilliges Engagement in Deutschland 1999 – 2004 – 2009.* Berlin: Bundesministerium für Familie, Senioren, Frauen und Jugend.

Groening, Yvonne (2005). *Personalmanagement in dezentralen Entscheidungsstrukturen. Ein agenturtheoretischer Erklärungsansatz.* Universität Paderborn: Dissertation.

Helmig, Bernd und Purtschert, Robert (Hrsg.) (2006). *Nonprofit-Management : Beispiele für best practices im dritten Sektor.* (2., akt. und erw. Aufl.). Wiesbaden: Gabler.

Herbst, Dieter (2003). *Unternehmenskommunikation Professionelles Management, Kommunikation mit wichtigen Bezugsgruppen, Instrumente und spezielle Anwendungsfelder.* Berlin: Cornelsen.

Herbst, Dieter (2006). *Corporate Identity. Aufbau einer einzigartigen Unternehmensidentität, Leitbild und Unternehmenskultur. Image messen, gestalten und überprüfen.* (3. Aufl.). Berlin: Cornelsen.

Horak, Christian und Heimerl, Peter (2007). *Management von NPOs – Eine Einführung.* In: Badelt, Christoph (Hrsg.) (2007). *Handbuch der Non-Profit-Organisation. Strukturen und Management.* (4. Aufl.). Stuttgart: Schäffer-Poeschel.

Jones, Derek C. und Svejnar, Jan (1982). *Participatory and self-management firms.* New York: Lexington Books.

Käfer, Timo M. (2007). *Dezentralisierung im Konzern. Eine Mehr-Ebenen-Analyse strategischer Restrukturierung.* Wiesbaden: Deutscher Universitäts-Verlag.

Kiepert, Christian, Kramer, Jost W., van Schubert, Andreas, Nitsch, Karl W., Prause, Gunnar, Weigand, Andreas, Winkler, Joachim (Hrsg.) (2010). *Integrative Unternehmenskommunikation: Wege zur Erschließung wichtiger Unternehmensressourcen.* Bremen: Europäischer Hochschulverlag.

Kirchner, Karin (2003). *Integrierte Unternehmenskommunikation. Theoretische und empirische Bestandsaufnahme und eine Analyse amerikanischer Großunternehmen.* (2. Aufl.). Wiesbaden: Westdeutscher Verlag.

Kok, Andrew (2007). *Intellectual Capital Management as Part of Knowledge Management Initiatives at Institutions of HigherLearning.* The Electronic Journal of Knowledge Management. Vol. 5 No. 2, pp. 181-192.

Kong, Eric (2007). *The strategic Importance of intellectual Capital in the Non-Profit Sector.* Journal of Intellectual Capital. Vol. 8 No. 4. pp. 721-731.

Krzeminski, Michael (1996). *PR der Nonprofit-Organisationen.* In: Martini, Bernd-Jürgen (Hrsg.) (2006). *Handbuch PR.* Loseblatt-Sammlung. Neuwied, Kriftel, Berlin: Luchterhand.

Laux, Helmut und Liermann, Felix (2005). *Grundlagen der Organisation. Die Steuerung von Entscheidungen als Grundproblem der Betriebswirtschaftslehre.* (6. Aufl.). Berlin, Heidelberg, New York: Springer.

Lettieri, Emanuele, Borga, Francesca und Savoldelli, Alberto (2004). *Knowledge manage-ment in non-profit organizations*. Journal of knowledge management. Vol. 8 No. 6. pp. 16-30.

Luthe, Detlef (1994). *Öffentlichkeitsarbeit für Nonprofit-Organisationen: eine Arbeitshilfe.* Augsburg: Maro.

Maslow, Abraham H. Dt. von Kruntorad, Paul (1999). *Motivation und Persönlichkeit.* Hamburg: Rowohlt.

Mast, Claudia (2010). *Unternehmenskommunikation.* (4., neue und erw. Aufl.). Stuttgart: Lucius und Lucius.

Mintzberg, Henry (1979). *The structure of organizations. A synthesis of the research.* New Jersey: Prentice Hall.

Neske, Fritz (1977). *PR-Management.* Gernsbach: Deutscher Betriebswirte-Verlag.

Odermatt, Sven und Frank, Alexander (2006). *Unternehmenskommunikation: Fachliche, organisatorische und technische Anforderungsanalyse.* Justus-Liebig Universität Gießen: Arbeitspapiere Wirtschaftsinformatik Nr. 5/2006: https://geb.uni-giessen.de/geb/volltexte/2006/2880/pdf/Apap_WI_JLUGiessen_2006_05.pdf. S. 35. [26.04.2012].

Piwinger, Manfred und Zerfaß, Ansgar (2007). *Handbuch Unternehmenskommunikation.* Wiesbaden: Gabler.

Pepels, Werner (2001). *Kommunikations-Management: Marketing-Kommunikation vom Briefing bis zur Realisation.* (4., vollst. überarb. und erw. Aufl.). Stuttgart: Schäffer-Poeschel.

Pleil, Thomas (2004). *Non-Profit-PR: Besonderheiten und Herausforderungen.* http://www.thomas-pleil.de/downloads//Pleil_Non-Profit-PR-Suk.pdf. [26.10.2011].

Porst, Rolf (2011). *Fragebogen. Ein Arbeitsbuch.* (3. Aufl.). Wiesbaden: VS Verlag für Sozialwissenschaften.

Roitner, Lothar (2006). *Der Fachverband der Elektro- und Elektronikindustrie Österreichs FEEI. FEEI – Ein Netzwerk für den Erfolg.* In: Helmig, Bernd und Purtschert, Robert (Hrsg.) (2006). *Nonprofit-Management: Beispiele für best practices im dritten Sektor.* (2., akt. und erw. Aufl.). Wiesbaden: Gabler.

Schumann, Siegfried (2011). *Repräsentative Umfrage. Praxisorientierte Einführung in empirische Methoden und statistische Analyseverfahren.* (5., korr. Aufl.). München: Oldenbourg.

Schwarz, Peter (2001). *Management-Brevier für Nonprofit-Organisationen: eine Einführung in die besonderen Probleme und Techniken des Managements von privaten Nonprofit-Organisationen (NPO) unter Einbezug von Beispielen und Parallelen aus dem Bereich der öffentlichen NPO.* (2., vollst. überarb. und erw. Aufl.). Bern, Stuttgart, Wien: Paul Haupt.

Schwarz, Peter, Purtschert, Robert und Giroud, Charles und Schauer, Reinbert (2009). *Das Freiburger Management-Modell für Nonprofit-Organisationen (NPO).* (6. Aufl.). Bern, Stuttgart, Wien: Paul Haupt.

Stabenow, Detlev und Stabenow, Andrea (2010). *Führen auf Distanz – virtuelle Zusammenarbeit in der Praxis.* Berlin: Cornelsen Verlag Scriptor.

Stachowiak, Herbert (Hrsg.) (1983). *Modelle - Konstruktion der Wirklichkeit.* München: Fink.

Wu, C.Y. und Shyu, C.S.[9] (2011). *Empirical Development of a Voluntary Self-Management Work Scale. International Journal of Management.* Vol. 28 No. 3 Part 1. pp. 612-620.

Zerfaß, Ansgar (1996). *Unternehmensführung und Öffentlichkeitsarbeit. Grundlegung einer Theorie der Unternehmenskommunikation und Public Relations.* Opladen: Westdeutscher Verlag.

---

[9] Die Vornamen der Autoren C. Y. Wu und C. S. Shyu sind im genannten Journal nur abgekürzt vorzufinden. Darüber hinaus sind die Vornamen zum heutigen Zeitpunkt nicht recherchierbar.

8 Abbildungsverzeichnis

Abbildung 1: The cycle of knowledge management 40

Abbildung 2: Eckdaten der Befragung 92

Abbildung 3: Verteilung der Ressourcen 96

Abbildung 4: Verteilung der Mitarbeitenden in Non-Profit-Organisationen 97

Abbildung 5: Bekanntheitsgrad: Integrierte Kommunikation 98

Abbildung 6: Stellenwert und Relevanz der Integrierten Kommunikation 98

Abbildung 7: Chancen der Integrierten Kommunikation 99

Abbildung 8: Reflexion der internen und externen Kommunikation 100

Abbildung 9: Zuständigkeiten bei Kommunikationsaktivitäten 101

Abbildung 10: Kommunikationskanäle 102

Abbildung 11: Schwierigkeiten bei der Kommunikationsarbeit 103

Abbildung 12: Organigramm zur Steuerung der Mitarbeitenden 114

9 Tabellenverzeichnis

Tabelle 1: Vielfalt der Non-Profit-Organisationen 23

Tabelle 2: Ressourcen-Management, Elemente und Ziele 35

Tabelle 3: Einflussfaktoren des Knowledge-Managements 41

Tabelle 4: Strategische FPO-Konzepte und deren Nutzen für NPOs 43

Tabelle 5: Definitionen: Integrierte Kommunikation 52

Tabelle 6: Zentrale Merkmale der Integrierten Kommunikation 54

Tabelle 7: Anforderungen: Integrierte Kommunikation 64

Tabelle 8: Bezugsgruppen eines Großunternehmens 72

Tabelle 9: Aufgaben und Ziele der integrierten Unternehmenskommunikation 74

Tabelle 10: Gefahren der Integrierten Kommunikation 77

Tabelle 11: Vor- und Nachteile der Integrierten Kommunikation (Zusammenfassung) 77

Tabelle 12: Dezentralisierungsgrad 95

Tabelle 13: Qualifikationen im Überblick 113

Tabelle 14: Medienportfolio 115

10 Abkürzungsverzeichnis

ABIO	Arca Biopharma Inc
ACLU	American Civil Liberties Union
BFD	Bundesfreiwilligendienst
BSC	Balanced Scorecard
bzw.	beziehungsweise
ca.	circa
CGM	Computer Graphics Metafile Consortium
d.h.	das heißt
et al.	et alii
etc.	et cetera
EPA	Europäischen Patentamts
e.V.	eingetragener Verein
f	folgende
ff	fortfolgende
FPO	For-Profit-Organization, For-Profit-Organisation
FPOs	For-Profit-Organizations, For-Profit-Organisationen
FTC	Federal Trade Commission
CI	Corporate Identity
CIM	Corporate Identity Management
CPSC	Consumer Product Safety Commission
DDR	Deutsche Demokratische Republik
DM	Deutsche Mark (deutsche Währung bis 31. Dezember 2001)
FSJ	Freiwilliges Soziales Jahr
FÖJ	Freiwilliges Ökologisches Jahr
IC	Intellectual Capital
IO	Industrial Organization
IDEA	International Development and Education Alliance Foundation
IK	Integrierte Kommunikation
IMC	Integrated Marketing Communications
IT	Informationstechnik
KBV	Knowledge-Based View
KM	Knowledge-Management
MADD	Mothers Against Drunk Driving

NGO	Non-Governmental-Organization
NPO	Non-Profit-Organization, Non-Profit-Organisation
NPOs	Non-Profit-Organizations, Non-Profit-Organisationen
NRA	National Rifle Association
NRDC	Natural Resources Defense Council
NRO	Nicht-Regierungs-Organisation
OSHA	Occupational Safety and Health Administration
PETA	People for the Ethical Treatment of Animals
PR	Public Relations
PUSH	People United to save Humanity
RAN	Rainforest Action Network
RBV	Ressource-Based View
resp.	respektive
sic	lat. sīc, „so", „wirklich so"
sog.	so genannt
u.a.	unter anderem, und andere
USA	United States of America
u.U.	unter Umständen
vgl.	vergleiche
vs.	versus
WWF	World Wide Fund For Nature
YMCA	Young Men's Christian Association
YWCA	Young Women's Christian Association
z. B.	zum Beispiel

11 Anhang

ANHANG A: Begleitschreiben 129

ANHANG B: Fragebogen 130

ANHANG C: Grundauszählung 135

ANHANG D: Grafische Auswertung der Befragung 148

ANHANG A: Begleitschreiben

Sehr geehrter Herr *(Titel) Nachname* resp. Sehr geehrte Frau *(Titel) Nachname,*

ich wende mich heute an Sie in Ihrer Funktion als *Funktion,* da ich derzeit an einem mir sehr am Herzen liegenden Forschungsprojekt arbeite. Ich engagiere mich nebenberuflich selbst ehrenamtlich sehr und führe dieses Projekt an der Donau Universität Krems durch. Im Fokus meiner Forschung stehen örtlich verstreut agierende Non-Profit-Organisationen (Vereine, Verbände, Stiftungen etc.) und die Frage nach der Einbindung eines jeden einzelnen Mitarbeitenden entsprechend des spezifischen Fachwissens beim Erreichen der Organisationsziele bis hin zum Umgang mit dem Thema "Kommunikation".

Fehlende Gelder, fehlende helfende Hände, fehlende Zeit sind nur einige Faktoren, die es den Organisationen schwer machen, sich auf dem Markt zu behaupten oder überhaupt Aufmerksamkeit auf sich und ihr Anliegen zu ziehen. Gleichzeitig ist der Einsatz all der helfenden Hände (z. B. Ehrenamtlichen) ein Alleinstellungsmerkmal derartiger Organisationen. Umso bedeutender wird der Aspekt der effektiven und effizienten "Integrierten Kommunikation" nach innen und außen. Damit sind der abgestimmte und einheitlich ausgerichtete Einsatz von Print- und Werbemitteln (*Marketing*), engagierter Öffentlichkeitsarbeit (*Public Relations*) sowie die Verwendung von beispielsweise Logos und Schrifttypen (*Corporate Identity*) gemeint.

Doch wie gehen die Organisationen mit dem Thema Kommunikation um? Ist das Konzept der Integrierten Kommunikation überhaupt bekannt? Wird das Potenzial "Fachwissen" eines jeden einzelnen Engagierten gezielt genutzt? Ist die Verstreuung der Mitarbeitenden eher ein Vor- oder Nachteil?

Genau diese Fragen will ich mit dieser empirischen Studie, als Teil meiner Untersuchung, in Form einer anonymisierten Online-Befragung beantworten. Bislang gibt es keine Studie über verstreut agierende Non-Profit-Organisationen und deren Umgang mit Integrierter Kommunikation. Ihre Teilnahme, die eine Dauer von *zehn Minuten nicht übersteigt, ist daher von besonderer Bedeutung.*

Im Folgenden finden Sie den Link zum Online-Fragebogen der Untersuchung:

https://www.soscisurvey.de/iknpo2012/

Bitte beantworten Sie den Fragebogen möglichst vollständig **bis zum 8. Juni 2012.**

Ihre Daten werden selbstverständlich anonym und streng vertraulich behandelt und dienen ausschließlich wissenschaftlichen Zwecken.

Falls Sie Interesse an den Ergebnissen der Studie haben, stelle ich Ihnen diese gern kurz gefasst als PDF, nach Abschluss der Untersuchung, zur Verfügung. Hierzu geben Sie einfach am Ende der Befragung (im Feld "Anmerkung") Ihre E-Mail-Adresse an.

Schon jetzt bedanke ich mich für Ihre Mitarbeit und wünsche Ihnen weiter viel Erfolg bei Ihrem Engagement!

Mit freundlichen Grüßen

Manuela Bramer

ANHANG B: Fragebogen

Sehr geehrte Damen und Herren,

vielen Dank, dass Sie zehn Minuten Ihrer wertvollen Zeit für dieses Forschungsprojekt investieren. Die folgenden 29 Fragen sind auf vier Themenkomplexe (vier Seiten) verteilt:

(1) Organisationsstruktur - (2) Kommunikationsarbeit - (3) Integrierte Kommunikation und (4)Soziodemographie.

Am Ende haben Sie die Möglichkeit für persönliche Anmerkungen.

Mit herzlichen Grüßen einer ebenfalls ehrenamtlich sehr engagierten

Manuela Bramer

(1) ORGANISATIONSSTRUKTUR

1. Was ist Ihre Funktion bzw. Ihr genauer Aufgabenbereich innerhalb Ihrer Organisation?

2. Seit wie viel Jahren engagieren Sie sich bereits für Ihre Organisation?

[Bitte auswählen] ▼

3. Wie ist Ihre Organisation mit Blick auf die Standorte aufgestellt?

Bei dieser Frage geht es um die Aufklärung, ob Ihre Organisation nur von einem Organisationsstandort aus agiert, oder ob es mehrere Standorte gibt. Bitte treffen sie eine Auswahl.

	ja	nein
Es gibt nur eine Zentrale	◌	◌
Es gibt verstreute Standorte (u.U. gilt jeder einzelne Mitarbeitende als „Standort")	◌	◌

4. Wie viele verstreute (dezentrale) Standorte gibt es?

Bei dieser Frage soll der Grad der Verstreuung abgebildet werden. Bitte treffen Sie eine Auswahl.

- ◻ 1 bis 5
- ◻ 6 bis 10
- ◻ 11 bis 15
- ◻ 16 bis 20
- ◻ mehr als 21
- ◻ Jeder einzelne Mitarbeitende gilt als „Standort" (da z.B. aus privatem Umfeld agierend)

5. Ist Ihnen die berufliche Qualifikation eines jeden Mitarbeitenden bekannt?

Hiermit soll hinterfragt werden, ob Ihrer Organisation das vorhandene „Wissen" und somit das Potenzial der Organisation bekannt ist. Bitte kennzeichnen Sie die für Sie in Frage kommende Option.

- ◌ Ja
- ◌ Nein
- ◌ zum Teil

6. Wie viele Mitarbeiter hat Ihre Organisation?

Bei dieser Frage wird Wert auf die Unterscheidung der einzelnen Engagementtypen gelegt. Bitte wählen Sie die für Sie in Frage kommenden Optionen aus.

	< 20	21-50	51-100	101-250	251-500	> 501	weiß nicht
Angestellte	◌	◌	◌	◌	◌	◌	◌
Ehrenamtliche	◌	◌	◌	◌	◌	◌	◌
Freiberufliche	◌	◌	◌	◌	◌	◌	◌
geringfügig Beschäftigte	◌	◌	◌	◌	◌	◌	◌
Zivildienstleistende	◌	◌	◌	◌	◌	◌	◌

7. Unterstützen die Mitarbeitenden Ihre Organisation ausschließlich von dezentralen Standorten (z.B. zu Hause) aus?

Bitte treffen Sie eine Auswahl.

- ◻ Ja
- ◻ Nein
- ◻ zum Teil
- ◻ weiß nicht

8. Wird die Qualifikation bzw. das fachspezifische Wissen des einzelnen Mitarbeitenden gezielt für die Organisation genutzt?

Bitte kennzeichnen Sie die für Sie in Frage kommende Option.

- ◻ Ja
- ◻ Nein
- ◻ zum Teil
- ◻ weiß nicht

Weiter

0% ausgefüllt

Manuela Bramer, Fakultät für Wirtschaft und Globalisierung/Zentrum für Journalismus und Kommunikationsmanagement, Donau Universität Krems

(2) KOMMUNIKATIONSARBEIT IHRER ORGANISATION

9. Welchen Stellenwert hat die in- und externe Kommunikationsarbeit in Ihrer Organisation?

	sehr wichtig					unwichtig	kann ich nicht beurteilen
	5	4	3	2	1	0	
Stellenwert Kommunikationsarbeit	○	○	○	○	○	○	○

10. Welche personellen Ressourcen stehen Ihnen für die Kommunikationsarbeit zur Verfügung?

Die Anzahl der jeweiligen Mitarbeitenden gibt Aufschluss über die Möglichkeiten zur Umsetzung der integrierten Kommunikation. Bitte kennzeichnen Sie die für Sie in Frage kommende Option. Mehrfachnennungen sind möglich.

	0	bis 5	bis 10	bis 15	bis 20	mehr	weiß nicht
Angestellte	○	○	○	○	○	○	○
Ehrenamtliche	○	○	○	○	○	○	○
Freiberufliche	○	○	○	○	○	○	○
geringfügig Beschäftigte	○	○	○	○	○	○	○
Zivildienstleistende	○	○	○	○	○	○	○
projektbezogen	○	○	○	○	○	○	○

11. Gibt es klar definierte Zuständigkeiten für einzelne Aufgabenbereiche in Ihrer Organisation?

	ja	nein	nicht zutreffend
Presse / Öffentlichkeitsarbeit	○	○	○
Marketing	○	○	○
Corporate Identity	○	○	○
Steuerung der Mitarbeitenden	○	○	○
IT (z.B. Homepage, IT-Netzwerk)	○	○	○

12. Stießen Sie bereits auf Schwierigkeiten bei der Umsetzung der in- und externen Kommunikationsarbeit?

	immer					nie
	5	4	3	2	1	0
personelle Ressourcen	○	○	○	○	○	○
finanzielle Ressourcen	○	○	○	○	○	○
fehlendes Fachwissen/Qualifikation	○	○	○	○	○	○
keine Nutzung des vorhandenen Fachwissens/Qualifikation	○	○	○	○	○	○
Abstimmungsschwierigkeiten	○	○	○	○	○	○
persönliche Befindlichkeiten	○	○	○	○	○	○
fehlende Akzeptanz für andere Arbeitsbereiche	○	○	○	○	○	○
fehlende Zeit für Abstimmung	○	○	○	○	○	○

13. Welche Kommunikationskanäle werden überwiegend innerhalb Ihrer Organisation genutzt?

	immer					nie
	5	4	3	2	1	0
E-Mail	○	○	○	○	○	○
Telefon	○	○	○	○	○	○
Brief	○	○	○	○	○	○
persönliches Gespräch	○	○	○	○	○	○
Meetings	○	○	○	○	○	○
Telefonkonferenz	○	○	○	○	○	○

14. Finden zur Abstimmung der in- und externen Kommunikation regelmäßig Rücksprachen/Abstimmungen statt?

	ja	nein	weiß nicht
anlassbezogen	○	○	○
wöchentlich	○	○	○
monatlich	○	○	○
quartalsweise	○	○	○
jährlich	○	○	

15. Welche Kommunikationskanäle werden für die Abstimmung der Kommunikation genutzt?

	immer					nie	weiß nicht
	5	4	3	2	1	0	
E-Mail							C
Telefon	C	C	C	C	C	C	C
Brief	C	C	C	C	C	C	C
persönliches Gespräch	C	C	C	C	C	C	C
Meeting	C	C	C	C	C	C	C
Jour fixe	C	C	C	C	C	C	C
Telefonkonferenz	C	C	C	C	C	C	C

16. Setzt sich Ihre Organisation mit dem Thema „Kommunikation" auseinander?

Bitte kennzeichnen Sie die für Sie in Frage kommende Option.

C Ja
C Nein
C zum Teil
C weiß nicht

17. Wie wird die in- und externe Kommunikation in Ihrer Organisation reflektiert?

Welche Möglichkeiten und Ansätze stehen dabei in Ihrem Fokus? Bitte kennzeichnen Sie die für Sie in Frage kommende Option. Mehrfachnennungen sind möglich.

	ja	nein
Mit Blick auf...		
Austausch mit Kommunikationsexperten	C	C
Auswertung von Veranstaltungen	C	C
Auswertung von Feedbacks	C	C
erfolgsmessend	C	C
Input durch qualifizierte Mitarbeitende	C	C
Kosten	C	C
Personal	C	C
Potenziale	C	C
Reaktionen auf Kommunikationsmaßnahmen	C	C
wissenschaftliche Weiterentwicklung der Kommunikation	C	C

Zurück

Manuela Eramer, Fakultät für Wirtschaft und
Globalisierung/Zentrum für Journalismus und
Kommunikationsmanagement, Donau Universität Krems

---

(3) INTEGRIERTE KOMMUNIKATION

18. Ist Ihnen das Konzept der „Integrierten Kommunikation" bekannt?

Bei diesem Konzept geht es um die Abstimmung und Ausrichtung der Marketing-, Public Relations und Corporate Identity-Maßnahmen zu einer einheitlichen und konsistenten in- und externen Kommunikation. Ihr Hinweis gibt Aufschluss über den Kenntnisstand um dieses Konzept.

bestens bekannt   C   C   C   C   C   nicht bekannt

19. Wird die Marketing-, Public Relations- und Corporate Identity-Kommunikation in Ihrer Organisation gesteuert?

Г Ja
Г Nein
Г zum Teil
Г weiß nicht

20. Welchen Stellenwert hat die integrierte Kommunikation in Ihrer Organisation?

Bitte schieben Sie den Regler auf die für Sie in Frage kommende Position.

sehr wichtig ————————————— unwichtig

21. Für wie wichtig schätzen Sie die zeitliche, inhaltliche und formale Integration der Kommunikationsinhalte ein?

Gemeint ist hierbei die zeitlich koordinierte Integration von Themen, Slogans, Kernbotschaften sowie Schrifttypen und Logos. Bitte ziehen Sie den Regler in den für Sie in Frage kommenden Bereich.

sehr wichtig ————————————— unwichtig

22. Wer steuert in Ihrer Organisation die Kommunikation?

Mehrfachnennungen sind möglich.

Г niemand
Г ein Kommunikationslaie
Г ein Kommunikationsexperte
Г keine Steuerung, jeder arbeitet für sich
Г weiß nicht

Weiter

25% ausgefüllt

23. Welche Chancen sehen Sie für die Integrierte Kommunikation in Ihrer Organisation?
Mehrfachnennungen sind möglich.

	hoch				niedrig		kann ich nicht beurteilen
	6	5	4	3	2	1	
einheitlicher und konsistenter Außenauftritt	○	○	○	○	○	○	○
Steigerung der Professionalität	○	○	○	○	○	○	○
zeitliche Effizienz	○	○	○	○	○	○	○
klares Erscheinungsbild intern	○	○	○	○	○	○	○
klares Erscheinungsbild extern	○	○	○	○	○	○	○
Verbesserung der Bezugsgruppenansprache	○	○	○	○	○	○	○
Bündelung vorhandener Kräfte	○	○	○	○	○	○	○
Vermeidung von kommunikativen Widersprüchen	○	○	○	○	○	○	○
Reduzierung von „Information-Overload"	○	○	○	○	○	○	○
erkennen und realisieren von Kostensenkungs-Potenzialen	○	○	○	○	○	○	○

24. Welche Risiken sehen Sie für die Integrierte Kommunikation in Ihrer Organisation?
Jede Nennung ist hilfreich. Bitte tragen Sie hier Ihre Einschätzung ein (max. 10 Nennungen sind möglich).

25. Wie sieht Ihrer Meinung nach die zukünftige Entwicklung der Integrierten Kommunikation in Non-Profit-Organisationen aus?
Jede Nennung ist von Bedeutung. Ich freue mich über Ihre Einschätzung (max. 15 Zeilen stehen zur Verfügung).

Zurück

Manuela Bramer, Fakultät für Wirtschaft und Globalisierung/Zentrum für Journalismus und Kommunikationsmanagement, Donau Universität Krems

---

(4) SOZIODEMOGRAPHIE

26. Welches Geschlecht haben Sie?
○ weiblich
○ männlich

27. Wie alt sind Sie?
[Bitte auswählen] ▾

28. In welcher Form engagieren Sie sich für Ihre Organisation?
○ Studierende/r im Studienfach [   ]
○ Angestellte/r
○ Freiberufliche/r
○ Ehrenamtliche/r
○ Zivildienstleistende/r
○ Arbeitslos/Arbeit suchend

29. Welchen Bildungsabschluss haben Sie?
Bitte wählen Sie den höchsten Bildungsabschluss, den Sie bisher erreicht haben.
○ Schule beendet ohne Abschluss
○ Volks-, Hauptschulabschluss, Quali
○ Mittlere Reife, Realschul- oder gleichwertiger Abschluss
○ Abgeschlossene Lehre
○ Fachabitur, Fachhochschulreife
○ Abitur, Hochschulreife
○ Fachhochschul-/Hochschulabschluss
○ Anderer Abschluss, und zwar: [   ]

50% ausgefüllt

Weiter

133

30. Möchten Sie zu dieser Befragung noch etwas anmerken?

Wenn Ihnen während der Teilnahme an dieser Befragung etwas auffiel, wenn die Fragen an einer Stelle nicht klar waren, Sie weitere Ergänzungen/Anmerkungen haben oder Ihnen die Beantwortung unangenehm war – bitte schreiben Sie uns kurz ein paar Stichworte dazu.

Zurück

Weiter

75% ausgefüllt

Manuela Bramer, Fakultät für Wirtschaft und
Globalisierung/Zentrum für Journalismus und
Kommunikationsmanagement, Donau Universität Krems

Vielen Dank für Ihre Angaben und die Zeit, die Sie sich genommen haben! Bei Interesse können Ihnen die ausgewerteten Ergebnisse nach Fertigstellung der Master Thesis gerne als PDF zur Verfügung gestellt werden.

Fenster schließen

Manuela Bramer, Fakultät für Wirtschaft und
Globalisierung/Zentrum für Journalismus und
Kommunikationsmanagement, Donau Universität Krems

134

ANHANG C: Grundauszählung

GRUNDAUSZÄHLUNG (Stand: 26.06.2012)

Dezentralisierte NGOs (n=52)

Definition „Dezentralisiert": Dezentralisierte Organisationen können vollständig oder teilweise dezen-tralisiert sein. Vollständig dezentralisierte Organisationen haben keine Zentrale sowie viele verstreute Standorte/Mitarbeiter. Teilweise dezentralisierte Organisationen haben eine Zentrale, aber viele ver-streute Standorte/Mitarbeitende.
(*siehe Fragebogen-Frage 3*)

(1) Organisationsstruktur

1.   **Was ist Ihre Funktion bzw. Ihr genauer Aufgabenbereich innerhalb der Organisation?**

n=51	*n*	Prozent
Geschäftsführende/stellv. Geschäftsführer	23	45
Vorstandsmitglied	5	10
Leiter der Kommunikation	5	10
Regionalgeschäftsführer	4	8
Mitarbeiter in Kommunikation	3	6
Pressesprecher	3	6
Sonstiges	3	6
Fachreferent	2	4
Mitarbeiter in der Buchhaltung	2	4
Ehrenamtlicher Mitarbeiter	1	2

2. **Seit wie vielen Jahren engagieren Sie sich bereits für Ihre Organisation?**

n=52	*n*	Prozent
Bis zu 1 Jahr	6	12
2 bis 5 Jahre	10	19
6 bis 10 Jahre	5	10
11 bis 15 Jahre	10	19
16 bis 20 Jahre	7	14
21 bis 25 Jahre	8	16
26 bis 30 Jahre	5	10
31 Jahre oder länger	1	2

3. **Wie ist Ihre Organisation mit Blick auf die Standorte aufgestellt?**

Es gibt nur eine Zentrale

n=47	*n*	Prozent
Ja	14	35
Nein	26	65

Es gibt verstreute Standorte (u.U. ist jeder Mitarbeiter ein Standort)

n=47	*n*	Prozent
Ja	0	0
Nein	52	52

Jeder einzelne Mitarbeiter gilt als „Standort"

n=47	*n*	Prozent
Ja	9	17
Nein	43	83

4. **Wie viele verstreute (dezentrale) Standorte gibt es?**

n=47	*n*	Prozent
1–5 Standorte	30	64
6–10 Standorte	7	15
11–15 Standorte	5	11
16–20 Standorte	2	4
20 Standorte oder mehr	3	7

5. Ist Ihnen die berufliche Qualifikation eines jeden Mitarbeitenden bekannt?

n=52	*n*	Prozent
Ja	33	64
Nein	5	10
Zum Teil	14	27

6. Wie viele Mitarbeiter hat Ihre Organisation?

Angestellte

n=41	*n*	Prozent
Unter 20	36	88
21–50	3	8
51–100	1	2
101–250	1	2
251–500	0	0
500 oder mehr	0	0

Ehrenamtliche

n=45	*n*	Prozent
Unter 20	24	53
21–50	5	11
51–100	4	9
101–250	4	9
251–500	2	5
500 oder mehr	6	13

Freiberufliche

n=23	*n*	Prozent
Unter 20	20	86
21–50	1	4
51–100	1	4
101–250	0	0
251–500	0	0
500 oder mehr	0	0

Geringfügig Beschäftigte

n=31	*n*	**Prozent**
Unter 20	29	94
21–50	2	7
51–100	0	0
101–250	0	0
251–500	0	0
500 oder mehr	0	0

Bundesfreiwilligendienstleistende

n=15	*n*	**Prozent**
Unter 20	14	94
21–50	1	6
51–100	0	0
101–250	0	0
251–500	0	0
500 oder mehr	0	0

7. **Unterstützenden die Mitarbeitenden Ihre Organisation von dezentralen Standorten (z. B. von zu Hause aus)?**

n=52	*n*	**Prozent**
Ja	8	16
Nein	21	40
Zum Teil	23	44

8. **Wird die Qualifikation bzw. das fachspezifische Wissen des einzelnen Mitarbeitenden gezielt für die Organisation genutzt?**

n=52	*n*	**Prozent**
Ja	8	15
Nein	21	40
Zum Teil	23	45

9. Welchen Stellenwert hat die interne und externe Kommunikationsarbeit in Ihrer Organisation?

1 (sehr wichtig) – 2 – 3 – 4 – 5 – 6 (unwichtig)	*M*	*SD*
Mittelwert	5,3	3,1

10. Welche personellen Ressourcen stehen Ihnen für die Kommunikationsarbeit zur Verfügung?

Angestellte

n=38	*n*	Prozent
0	7	18
Bis zu 5	28	74
Bis zu 10	1	3
Bis zu 15	1	3
Bis zu 20	1	3
Mehr als 20	0	0

Ehrenamtliche

n=38	*n*	Prozent
0	4	11
Bis zu 5	17	45
Bis zu 10	7	18
Bis zu 15	3	8
Bis zu 20	4	11
Mehr als 20	3	8

Freiberufliche

n=24	*n*	Prozent
0	13	54
Bis zu 5	9	38
Bis zu 10	0	0
Bis zu 15	1	4
Bis zu 20	0	0
Mehr als 20	1	4

Geringfügig Beschäftigte

n=27	*n*	**Prozent**
0	11	41
Bis zu 5	16	59
Bis zu 10	0	0
Bis zu 15	0	0
Bis zu 20	0	0
Mehr als 20	0	0

Bundesfreiwilligendienstleistende

n=19	*n*	**Prozent**
0	15	79
Bis zu 5	4	21
Bis zu 10	0	0
Bis zu 15	0	0
Bis zu 20	0	0
Mehr als 20	0	0

Projektbezogene Mitarbeiter

n=28	*n*	**Prozent**
0	5	18
Bis zu 5	19	68
Bis zu 10	1	4
Bis zu 15	2	7
Bis zu 20	0	0
Mehr als 20	1	4

11. Gibt es klar definierte Zuständigkeiten für einzelne Aufgabenbereiche in Ihrer Organisation?

Presse-/Öffentlichkeitsarbeit

n=48	*n*	**Prozent**
Ja	38	78
Nein	10	20
Nicht zutreffend	1	2

Marketing

n=40	*n*	Prozent
Ja	18	40
Nein	22	49
Nicht zutreffend	5	11

Corporate Identity

n=42	*n*	Prozent
Ja	25	56
Nein	17	38
Nicht zutreffend	3	7

Steuerung der Mitarbeitenden

n=40	*n*	Prozent
Ja	27	59
Nein	13	28
Nicht zutreffend	6	13

IT (z. B. Homepage, IT-Netzwerk)

n=41	*n*	Prozent
Ja	43	90
Nein	3	6
Nicht zutreffend	2	4

12. Stießen Sie bereits auf Schwierigkeiten bei der Umsetzung der internen und externen Kommunikationsarbeit?

1 (nie) – 2 – 3 – 4 – 5 – 6 (immer) 46>=n<=49	M	SD
Personelle Ressourcen	4,3	1,1
Finanzielle Ressourcen	3,9	1,5
Fehlende Zeit für Abstimmung	3,6	1,4
Abstimmungsschwierigkeiten	3,4	1,3
Persönliche Befindlichkeiten	3,2	1,5
Fehlendes Fachwissen/Qualifikation	3,1	1,5
Keine Nutzung des vorhandenen Fachwissens/Qualifikation	2,9	1,4
Fehlende Akzeptanz für andere Arbeitsbereiche	2,8	1,4

13. Welche Kommunikationskanäle werden überwiegend innerhalb Ihrer Organisation genutzt?

1 (nie) – 2 – 3 – 4 – 5 – 6 (immer) 44>=n<=48	M	SD
E-Mail	5,3	0,7
Telefon	4,9	1,0
Persönliches Gespräch	4,5	1,1
Meetings	4,3	1,2
Brief	2,8	1,4
Telefonkonferenz	2,6	1,7

14. Finden zur Abstimmung der in- und externen Kommunikation regelmäßig Rücksprachen/Abstimmungen statt?

Ja, finden statt (Mehrfachnennungen möglich)

29>=n<=46	n	Prozent
Anlassbezogen	1	3
Wöchentlich	25	74
Monatlich	17	44
Quartalsweise	20	69
Jährlich	13	42

15. Welche Kommunikationskanäle werden für die Abstimmung der Kommunikation genutzt?

1 (nie) – 2 – 3 – 4 – 5 – 6 (immer) 38>=n<=48	M	SD
E-Mail	5,2	1,0
Telefon	4,9	0,9
Persönliches Gespräch	4,6	1,1
Meeting	4,3	1,4
Jour Fixe	2,9	1,8
Telefonkonferenz	2,5	1,7
Brief	2,3	1,4

16. Setzt sich Ihre Organisation mit dem Thema Kommunikation auseinander?

n=49	n	Prozent
Ja	23	47
Nein	3	6
Zum Teil	22	45
Weiß nicht	1	2

17. Wie wird die in- und externe Kommunikation in Ihrer Organisation reflektiert?

(Nennungen in Prozent, Mehrfachnennungen möglich)

42>=n<=49	n	Prozent
Auswertungen von Veranstaltungen	39	83
Auswertungen von Feedbacks	32	74
Reaktionen auf Kommunikationsmaßnahmen	31	69
Personal	28	64
Kosten	24	56
Potenziale	23	53
Erfolgsmessend	19	45
Input durch qualifizierte Mitarbeitende	19	45
Austausch mit Kommunikationsexperten	13	31
Wissenschaftliche Weiterentwicklung der Kommunikation	7	17

18. Ist Ihnen das Konzept der Integrierten Kommunikation bekannt?

1 (bestens bekannt) – 2 – 3 – 4 – 5 – 6 (nicht bekannt) n=48	*M*	*SD*
Mittelwert	4,5	1,8

19. Wird die Marketing-, Public-Relations- und Corporate-Identity-Kommunikation in Ihrer Organisation gesteuert?

n=47	*n*	**Prozent**
Ja	13	28
Nein	13	28
Zum Teil	18	38
Weiß nicht	3	6

20. Welchen Stellenwert hat die Integrierte Kommunikation in Ihrer Organisation?

0 (sehr wichtig) – ... – 100 (unwichtig) n=46	*M*	*SD*
Mittelwert	53	31

21. Für wie wichtig schätzen Sie die zeitliche, inhaltliche und formale Integration der Kommunikationsinhalte ein?

0 (sehr wichtig) – ... – 100 (unwichtig) n=46	*M*	*SD*
Mittelwert	38	29

22. Wer steuert in Ihrer Organisation die Kommunikation?

n=47	*n*	**Prozent**
Kommunikationslaie	16	37
Keine Steuerung, jeder arbeitet für sich	12	28
Kommunikationsexperte	10	23
Niemand	4	9
Weiß nicht	1	2

23. Welche Chancen sehen Sie für die Integrierte Kommunikation in Ihrer Organisation?

1 (niedrig) – 2 – 3 – 4 – 5 – 6 (hoch) 37>=n<=43	M	SD
Klares Erscheinungsbild extern	5,0	1,1
Einheitlicher und konsistenter Außenauftritt	4,8	1,2
Steigerung der Professionalität	4,6	1,2
Zeitliche Effizienz	4,4	1,2
Bündelung vorhandener Kräfte	4,4	1,2
Verbesserung der Bezugsgruppenansprache	4,3	1,3
Klares Erscheinungsbild intern	4,2	1,4
Vermeidung von kommunikativen Widersprüchen	4,2	1,4
Reduzierung von „Information-Overload"	3,8	1,5
Erkennen und Realisieren von Kostensenkungs-Potenzialen	3,3	1,6

24. Welche Risiken sehen Sie für die Integrierte Kommunikation in Ihrer Organisation?

(Nennungen in Prozent)

n=25	n	Prozent
Zeitdruck	5	20
Lohnt sich nicht: zu großer Aufwand, zu geringer Nutzen	5	20
Fehlende Qualifikationen der Mitarbeiter	3	12
Verlust an Kommunikationsqualität	3	12
Geringe Akzeptanz in der Geschäftsbührung und bei Entscheidungsträgern	2	8
Fehlende finanzielle Möglichkeiten	1	4
Fehlendes Personal	1	4
Fehlende Motivation, fehlendes Interess der Mitarbeiter	1	4
Sonstiges	1	4
Kann ich nicht einschätzen	3	12

25. **Wie sieht Ihrer Meinung nach die Zukunft der Integrierten in Non-Profit-Organisationen aus?**

(Nennungen in Prozent)

n=22	*n*	**Prozent**
Bedeutung wird allgemein zunehmen	6	27
Qualifizierungen und Weiterbildungen notwendig	5	23
Sonstiges	5	23
NGOs werden dadurch besser erkennbar und unterscheidbar	2	9
Fehlendes Personal	1	4
Kann ich nicht einschätzen	4	18

(4) Soziodemografie

26. **Geschlecht**

n=46	*n*	**Prozent**
Weiblich	19	41
Männlich	27	59

27. **Alter**

n=47	*n*	**Prozent**
Unter 29	6	13
30 – 34	3	6
35 – 39	2	4
40 – 44	3	6
45 – 49	8	17
50 – 54	10	21
55 – 59	6	13
60 – 64	7	15
Über 64	2	4

28. In welcher Form engagieren Sie sich in Ihrer Organisation?

n=47	n	Prozent
Angestellte	22	47
Ehrenamtliche	19	4
Freiberufliche	3	6
Studierende	2	4
Bundesfreiwilligendienstleistende	1	2

29. Welchen Bildungsabschluss haben Sie?

n=47	n	Prozent
Volks-, Hauptschulabschluss, Qualifizierter	0	0
Mittlere Reife, Realschul- oder gleichwertiger Abschluss	3	6
Abgeschlossene Lehre	3	6
Fachabitur, Fachhochschulreife	2	4
Abitur, Hochschulreife	4	9
Fachhochschul-/Hochschulabschluss	33	70
Anderer Abschluss	2	4

ANHANG D: Grafische Auswertung der Befragung

Anmerkung: Es wurde nicht jede Antwort bei der Befragung mittels Grafik dargestellt, sondern nur in den Fällen in denen eine Visualisierung hilfreich erschien.

Abbildung D1: Welche personellen Ressourcen stehen Ihnen für die Kommunikationsarbeit zur Verfügung? (Punkt 5.5.1, S. 85)

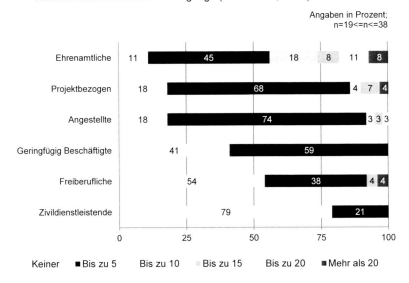

Abbildung D2: Wie viele Mitarbeitende hat Ihre Organisation? (Punkt 5.5.1, S. 86)

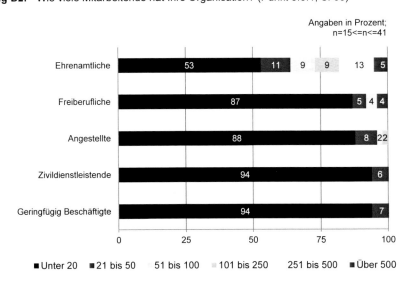

Abbildung D3: Ist Ihnen das Konzept der „Integrierten Kommunikation" bekannt?

(Punkt 5.5.2, S

1 (bestens bekannt) – 2 – 3 – 4 – 5 – 6 (nicht bekannt);
weitgehend bekannt (1/2/3), weitgehend unbekannt (4/5/6);
Angaben in Prozent

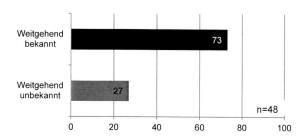

Abbildung D4: Welchen Stellenwert hat die Integrierten Kommunikation in Ihrer Organisation? (Punkt 5.5.2, S. 87)

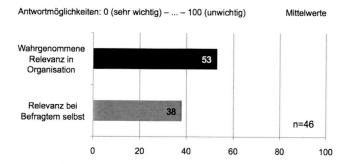

Abbildung D5: Welche Chancen sehen Sie für die Integrierte Kommunikation in Ihrer Organisation? (Punkt 5.5.2, S. 88)

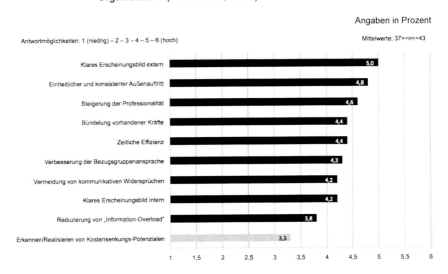

Angaben in Prozent

Antwortmöglichkeiten: 1 (niedrig) – 2 – 3 – 4 – 5 – 6 (hoch)

Mittelwerte; 37>=n<=43

Abbildung D6: Wie wird die interne und externe Kommunikation in Ihrer Organisation reflektiert? (Punkt 5.5.2, S. 89)

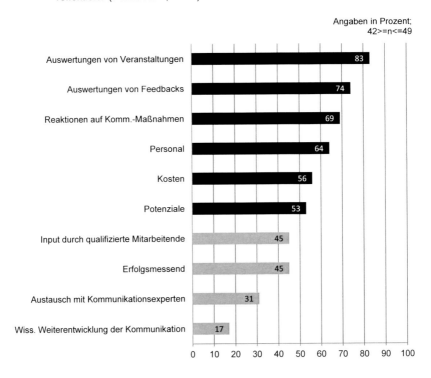

Angaben in Prozent;
42>=n<=49

Abbildung D7: Gibt es klar definierte Zuständigkeiten für einzelne Aufgabenbereiche in Ihrer Organisation? (Punkt 5.5.3, S. 90)

Angaben in Prozent;
n=40<=n<=48

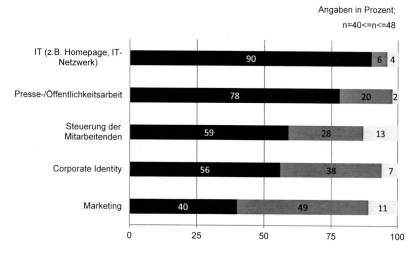

Abbildung D8: Welche Kommunikationskanäle werden überwiegend innerhalb Ihrer Organisation genutzt? Welche Kommunikationskanäle werden für die Abstimmung der Kommunikation genutzt? (Punkt 5.5.4, S. 91)

Antwortmöglichkeiten: 1 (nie) – 2 – 3 – 4 – 5 – 6 (immer)
Mittelwerte; 38>=n<=48

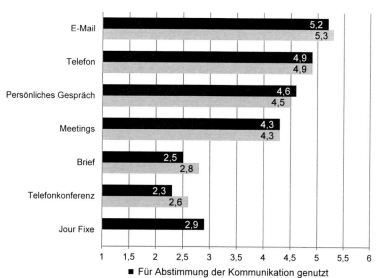

■ Für Abstimmung der Kommunikation genutzt

▨ Allgemein genutzt

Abbildung D9: Stießen Sie bereits auf Schwierigkeiten bei der Umsetzung der internen und externen Kommunikationsarbeit? (Punkt 5.5.4, S. 92)

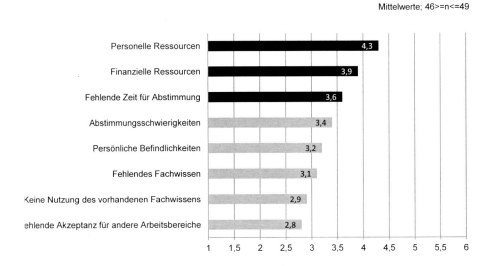

Antwortmöglichkeiten: 1 (nie) – 2 – 3 – 4 – 5 – 6 (immer)
Mittelwerte; 46>=n<=49